D1702118

Die schönsten ROADSTERS

Ursula Rahn-Huber

Fotos: Gerhard Huber

LECHNER VERLAG

GENF · WIEN · MÜNCHEN · NEW YORK

© Copyright by Lechner Verlag, part of Lechner Publishing Group S.A., Geneva 1991.
Alle Rechte vorbehalten.

Printed in E.E.C.

ISBN 3-85049-084-X

VORWORT

Plötzlich befällt uns Platzangst: Nach einem stubenhockerisch auf der Ofenbank zugebrachten Winter wird es uns zu eng in geschlossenen Räumen. Wir müssen raus ins Freie! Wir brauchen frische Luft! Da lassen wir uns nicht in ein Wohnzimmer auf Rädern zwängen, um von einem Ort zum anderen zu gelangen. Auf Bequemlichkeit und Komfort pfeifen wir! Direkter Kontakt mit der rauhen Natur, das ist es, was wir wollen. So kommt für uns nur eine Fahrzeugart in Frage: ein Roadster!

Obwohl es auch wunderschöne Roadster „kontinentaler" Herkunft gibt, ist dieser klangvolle Name unüberhörbar angelsächsischen Ursprungs. Die Briten blicken denn auch auf eine besonders lange Tradition des Offenfahrens zurück. Das Wetter kann wohl nicht der Grund für diese Vorliebe sein, denn jenseits des Kanals ist bekanntlich feuchtes Wetter eher die Regel als die Ausnahme. Doch der Engländer war schon seit jeher hart zu sich und seinem Körper. Bestes Beispiel hierfür ist, daß Kinder auf der Insel auch heute noch bei jedem Wetter mit Kniestrümpfen und kurzen Hosen oder Röcken in die Schule geschicht werden! So etwas härtet ab, und hart sein muß ein Roadster-Fahrer.

Dabei ist natürlich nicht jedes offene Auto ein Roadster. Laut Definition in Meyers Enzyklopädischem Lexikon ist unter dem Begriff ein „offener, zweisitziger Sportwagen (meist mit einem oder zwei Notsitzen)" zu verstehen. Gemäß der im britischen Commonwealth gültigen Definition muß dieser Wagentyp zudem tiefausgeschnittene Flanken aufweisen. Weitere Merkmale sind das dünne, ungefütterte Verdeck („Rag Top") und im Idealfall seitliche Steckscheiben anstelle von Kurbelfenstern.

Das Cabriolet (oder Kabriolett), der amerikanische Convertible und das englische Drophead Coupé sind da ganz anders. Bei letzteren liegt das Schwergewicht eher auf Bequemlichkeit und möglichst luxuriöser Ausstattung als auf spartanischer Sportlichkeit und nüchterner Technik.

Manche Automobilhersteller gehen mit dem Begriff Roadster viel großzügiger um, als oben beschrieben. Sie wollen mit dieser Bezeichnung auf die Sportlichkeit und Rasse ihres Fahrzeuges hinweisen. Andere wiederum greifen für ihre offenen Sportler auf Namen wie Speedster, Spider (oder Spyder), Sport, Sport-Cabriolet oder gar Runabout (wörtlich „Herumrenner"!) zurück. Auch der Doppelname Roadster-Cabriolet ist schon verwendet worden.

Angesichts der Fülle von Begriffen und möglichen Definitionen ist die Unterscheidung zwischen Cabrio und Roadster notgedrungen subjektiv. Was der eine bereits als bretthart empfindet, ist für den anderen sofaweich…

Lassen wir uns also durch Abgrenzungsprobleme nicht das Fahrvergnügen verderben! Zu jeder Jahreszeit gibt es trockene Tage, selbst im Winter. Da muß man einfach offen fahren… Bei Kälte schützen Roadster-Mütze, Brille, Schal und Handschuhe vor allzu rauhem Wind. Auch eine effiziente Heizung, die warme Luft auf die Füße bläst, ist durchaus wünschenswert. Manche Autos kommen ohne solches Zubehör aus: Bei ihnen heizt der Motor den Fußraum derart auf, daß der Fahrer eher verglüht als erfriert.

Ein Roadster-Fahrer ist eine besondere Art von Mensch: Er will nicht nur die Natur, sondern auch die Technik hautnah erleben. Mechanische Defekte behebt er selbst. Ohne Werkzeugsatz begibt er sich nicht auf die Straße. Und begeistert berichtet er von Pannen und Schwierigkeiten, von blauen Flecken, schmerzendem Hinterteil und verspannter Nackenmuskulatur. Der Roadsterfahrer ist nicht auf ruhiges Reisen aus. Er will noch Abenteuer erleben!

Ursula Rahn-Huber

ALFA ROMEO

Kurze Firmenchronik

Am 24. Juni 1910 entsteht aus dem Darracq-Werk im italienischen Portello die „Anonima Lombarda Fabbrica Automobili", kurz: ALFA. Damit beginnt die Geschichte der italienischen Nobelmarke, die heute zu den führenden Automobilherstellern der Welt gehört. Cavaliere Ugo Stella übernimmt die Leitung des Unternehmens. Guiseppe Merosi avanciert zum Haus- und Hofingenieur. Unter seiner Leitung wandeln sich die in Portello produzierten Fahrzeuge von unzeitgemäßen Vehikeln zu zuverlässigen und leistungsstarken Automobilen. Als erster echter Alfa entsteht der 24 HP mit Vierzylinder-Monoblock-Motor (Hubraum 4.084 ccm) und Leichtmetallkurbelgehäuse. Ein für die damalige Zeit höchst fortschrittliches Konzept! Der Wagen kommt auf dem Markt gut an, und so können die Produktionszahlen langsam aber stetig erhöht werden. Im Mai 1915 wird Italien in den Sog des Krieges gerissen. Finanzielle Schwierigkeiten drohen: Darracq-Erbe Albert hatte die in seinem Besitz verbliebenen Alfa-Anteile an die Banca di Sconto verkauft. Die Bankiers aber zweifeln angesichts des Krieges an den wirtschaftlichen Erfolgsaussichten der Automobilbranche schlechthin. Der kapitalstarke Großindustrielle Nicola Romeo erscheint da als Retter in der Not: Er übernimmt die Zügel in Portello und bringt die Firma unter dem neuen Namen „Società Anonima Italiana Ing. Nicola Romeo" wieder auf Erfolgskurs. Um nicht auf den in der Automobilwelt anerkannten Markennamen „Alfa" verzichten zu müssen, wird das Unternehmen nach dem Krieg erneut umbenannt: Alfa Romeo entsteht. In den nun folgenden Jahren machen die unter der Regie des genialen Ingenieurs Vittorio Jano produzierten Sport- und Luxusautomobile auf den Straßen und Rennpisten Europas Furore. In preislicher Hinsicht kann die Marke jedoch nicht mit dem Marktgiganten Fiat konkurrieren:

Typisch Pininfarina: rassige Schnauze des Giulietta Spider.

Anfang 1933 droht erneut der Ruin, und nur mit Hilfe des staatlichen Istituto di Ricostruzione Industriale kann die Krise gemeistert werden. Doch mit dem Zweiten Weltkrieg bricht wieder Unheil über die Firma herein: Am 20. Oktober 1944 werden bei einem alliierten Bombenangriff auf Mailand über fünfzig Prozent der Alfa-Werkstätten zerstört. Neben dem Wiederaufbau der Fertigungsanlagen gilt es, die Automobilproduktion möglichst schnell wieder in Gang zu bringen. Auf den 1946 zum neuen Chef der Entwicklungs- und Versuchsabteilung berufenen Dr. Ing. Orazio Satta Puglia wartet also eine Menge Arbeit. Unter seiner Leitung überdenkt die Marke ihre Produktionsphilosophie: Die Großserienfertigung hält Einzug. Der massive Ausbau der Fertigungskapazitäten macht Mitte der Sechziger Jahre einen Umzug in neue Werkshallen in Arese notwendig. Auf hohe technische Qualität verzichtet die Marke auch künftig nicht. Der Erfolg soll dem Alfa-Management recht geben.

Spider-Tradition

Drei Serien – 750, 101 und 105 – ziehen sich wie ein roter Faden durch die Produktionsgeschichte. In allen dreien bietet die Marke jeweils auch eine offene Variante an. Daneben entstehen eine Reihe von Sondermodellen: Dank der anfänglich getrennten Chassis-Konstruktion lassen sich Spezialkarosserien problemlos „aufsetzen". Stardesigner wie Bertone, Castagna, Pininfarina, Touring und andere liefern Entwürfe.
Dem bereits vor dem Krieg für den Rennsport entwickelten technisch vorbildlichen DOHC-Vierzylindermotor (Leichtmetallmotorblock und -zylinderkopf, „naß" eingesetzte Laufbüchsen) mit den schräg angeordneten Ventilen (80°V) bleibt die Marke über die Jahre hinweg für alle Serienfahrzeuge treu. Dank konsequenter Modellpflege ist dieses Aggregat auch nach heutigen Maßstäben modern.

Giulia Spider: L'ha disegnato il vento …

Giulietta und Giulia Spider

Angesichts des Erfolgs des ersten wirklichen neuen Nachkriegs-Alfa, der Giulietta, schreibt Projektkoordinator Rudolf Hruska einen Design-Wettbewerb für einen offenen Wagen auf gekürztem Giulietta-Chassis aus. Da man sich besonders in den Vereinigten Staaten Marktchancen ausrechnet, sind „amerikanisch angehauchte" Entwürfe gefordert. Weitere Vorgabe: Laut Anraten von US-Generalimporteur Max Hoffmann ist ein echter Sportwagen nach britischem Vorbild (MG, Austin-Healey oder Triumph) gefragt. Der elegante Spider Pininfarinas macht schließlich das Rennen. Ein erster Prototyp wird im Herbst 1955 auf dem Pariser Salon präsentiert. Die endgültige Version folgt im Frühjahr 1956 (Giulietta Spider 750 D). Sie ist erstmals auf dem Turiner Salon zu sehen. Als Konzession an die Bequemlichkeit werden anstelle von spartanischen seitlichen Steck-

Ob offen oder geschlossen – der Duetto macht immer eine gute Figur.

scheiben Kurbelfenster eingebaut. Wer im Winter unter dem (niemals völlig dichten) Roadster-Verdeck Gänsehaut bekommt, kann gegen Aufpreis ein Hardtop mit Panorama-Heckscheibe ordern. Im November 1956 folgt der leistungsstärkere Veloce (750 F). Die 750-er „Urserie" wird im Zuge einer allgemeinen Reorganisation bei Alfa von der moderneren Serie 101 abgelöst. Die Giulietta-Technik erlaubt künftig noch rationellere Fertigungsmethoden. Im Laufe der Jahre wird der Giulietta Spider zwar immer wieder verfeinert, doch äußerlich bleibt er fast ein Jahrzehnt praktisch unverändert. In dieser Zeit können weltweit gut 17.000 Exemplare verkauft werden.

Im Juni 1962 lädt die Marke zu einer Premiere ins Autodrom von Monza ein: Unter der Bezeichnung „Giulia Spider 101.23" wird die offene Variante des neuen 1,6-Liter-Alfa präsentiert. Laut Werbeslogan stammt das Design vom Wind („L'ha disegnato il vento"). Die stärkere Veloce-Ausführung (101.18) folgt knapp zwei Jahre später.

Im März 1965 bringt Alfa den Giulia GT heraus. Der von Touring attraktiv gestylte GTC-Viersitzer erweist sich jedoch als Flop. Die Designer waren ihrer Zeit zu weit voraus: Jahre später kann BMW mit seinem auffallend ähnlichen Dreier-Cabrio phantastische Erfolge verbuchen.

Duetto

Im März 1966 stellt Alfa Romeo auf dem Genfer Automobilsalon die Offenvariante der Serie 105 vor: Der Duetto – oder schlicht: Alfa Romeo 1600 Spider (105.03) – ist gebo-

Heute ist besonders die hier gezeigte Rundheckversion ein begehrtes Sammlerstück.

ren. Für das revolutionär neue Styling zeichnet Pininfarina verantwortlich. In Punkto Komfort hat sich einiges getan: Das Verdeck ist (relativ) dicht, die zwei kunststoffbezogenen Sitze sind bequem, und hinter den Lehnen gibt es eine Ablage als Ergänzung zum ohnehin geräumigen Kofferraum. Zum Jahreswechsel 1968 tritt der 115 PS starke 1,8-Liter-Spider (105.57) an die Stelle des Ur-Duetto. Im Sommer folgt nach längerer Pause erstmals wieder ein offenes 1,3-Liter-Modell: der Spider 1300 Junior (105.91).

Im November 1969 schockiert die Marke so manchen Alfisti: Das Rundheck des Ur-Duetto muß dem aerodynamisch günstigeren „Fastback" (oder: „coda tronca") weichen. Ein Jahr später gibt es auch den Junior nur noch mit gekapptem Heck.

Im Juni 1971 wächst der Hubraum des Spider auf zwei Liter, und ab Mai 1972 gibt es auch einen voluminöseren Junior (1,6 Liter) mit dem ursprünglichen 109 PS Duetto-Aggregat. Ende 1977 wird die kleine 1,3-Liter-Variante aus dem Verkaufsprogramm gestrichen. In den frühen Achziger Jahren ist umfassendes Restyling angesagt: Durch die angesichts neuer US-Sicherheitsvorschriften notwendig gewordenen voluminösen Stoßstangen wirkt der Wagen jetzt viel plumper. Abgesehen von kleineren Modellpflegemaßnahmen bleibt der Coda Tronca bis heute in seiner Gesamtkonzeption erhalten.

ASTON MARTIN LAGONDA

Ein exklusiver Engländer: Von diesem Aston Martin DB6 Mk2 Volante wurden nur 38 Exemplare gebaut.

Kurze Firmenchronik

Als Lionel Martin gemeinsam mit Firmenpartner Robert Bamford im Jahr 1913 sein erstes Fahrzeug produziert, schwebt ihm ein „qualitativ hochwertiges, leistungsstarkes Automobil für den sportlich fahrenden Gentleman" vor. Nach dem ersten Weltkrieg geht Bamford in den Ruhestand, und Martin übernimmt allein das Ruder. Um die überragenden Erfolge beim wichtigsten motorsportlichen Wettbewerb im England der damaligen Zeit, dem „Aston Clinton Hill Climb", ein für allemal zu verewigen, wird die Firma in „Aston Martin" umbenannt. Bereits 1920 steht fest, daß man sich ganz auf die Herstellung automobiler Einzelstücke von höchster handwerklicher Vollendung konzentrieren will. Dank zahlreicher Rekordfahrten erringt die Marke in den folgenden Jahren Weltruhm. Mitte der Zwanziger Jahre übernimmt A.C. Bertelli das Unternehmen. Die unter der Leitung von Chefingenieur W.S. Renwick gefertigten Fahrzeuge werden zum Vorbild für die gesamte Sportwagenbranche. Im Herbst 1932 avanciert R.G. Sutherland zum neuen Boß.

1947 kauft die David-Brown-Gruppe nicht nur die in Finanznot geratene Firma Aston Martin (Gordon Sutherland und Chefdesigner Claude Hill bleiben im Amt), sondern auch das Traditionsunternehmen Lagonda. Der Gründer dieser Firma, Wilbur Gunn, hatte sich bei der Namensfindung an seine in Lagonda Creek (Springfield/Ohio) verbrachte Kindheit zurückerinnert. Der Begriff stammt aus dem Indianischen und bedeutet „ruhig fließender Strom". Bereits 1898 hatte er im Garten hinter seinem Haus in Staines sein erstes Einzylindermotorrad gebaut. Schon kurze Zeit später wandte er sich den Automobilen zu. Als erster britischer Hersteller bot er eine mit dem Chassis fest verbundene Ganzstahlkarosserie an.

Als Standort für die neue Firma „Aston Martin Lagonda Limited" wählt David Brown die ehemaligen Werkshallen der alteingesessenen englischen Karosserieschmiede Tickford in Newport Pagnell in Buckinghamshire.

1972 entschließt sich David Brown zum Verkauf des Unternehmens. In der Folgezeit wechselt Aston Martin Lagonda mehrmals den Besitzer, bis schließlich im September 1987 eine 75-prozentige Übernahme durch den Ford-Konzern bekanntgegeben wird. Doch von amerikanischer Großserienproduktion hält man in Pagnell auch weiterhin nichts: Auch 1990 entstehen pro Woche nicht mehr als sechs Fahrzeuge in Handarbeit.

Volante-Tradition

Wie viele andere Hersteller von luxuriösen Sportwagen hat auch Aston Martin den Ehrgeiz, zu jedem Modell eine offene Variante anzubieten. Mitte der Sechziger Jahre führt die Marke erstmals für einen offenen DB5 den Begriff „Volante" (zu italienisch: „der Fliegende") ein. Dieses von Touring in patentierter Superleggera-Bauweise karossierte Modell mit DOHC-Sechszylindermotor wird in einer Stückzahl von nur 37 Exemplaren gebaut: Die Kombination aus bestem italienischen Styling und britischem Improvisationstalent ist sicherlich charmant, doch es gibt noch zahlreiche Kinderkrankheiten. Der DB6 soll Abhilfe schaffen. Dieser ist zwar weniger rassig, doch dafür eindeutig ausgereifter. Der dank eines längeren Radstandes (2,58 m statt 2,49 m) gewonnene Platz kommt ausschließlich den Passagieren im „+2"-Fond zugute. Wie bereits beim DB5 kann der Käufer ohne Aufpreis zwischen einem ZF-Fünfgangschaltgetriebe und einer Borg-Warner-Dreigangautomatik wählen. Ein „Powr-Lok"-Sperrdifferential (die Schreibweise stimmt!) mit begrenztem Schlupf und verchromte Speichenräder gehören zur Serienausstattung. Deutlichstes äußerliches Unterscheidungsmerkmal zwischen den beiden Modellen ist das Heck: Anstelle der früheren Rundungen tritt eine strömungsgünstigere Abrißkante. Die charakteristische Aston-Martin-Optik bleibt jedoch erhalten. Dank eines neuen elektrischen Verdecks ist der Fahrer ab sofort auch gegen plötzliche Regengüsse bestens gewappnet.

Nach achtjähriger Pause wartet die Marke 1978 erneut mit einem Volante auf: Bill Towns mittlerweile reichlich betagtes DBS-Fließheck-Coupé wird so noch einmal auf höchst attraktive Weise in Szene gesetzt. Für machtvolle Energie sorgt zunächst der 1969 eingeführte 5,3-Liter V8-Motor. Genaue Leistungsangaben liegen nicht vor; die Schätzungen liegen bei 350 bis 375 SAE-PS. Ab 1986 kann die noch stärkere Vantage-Einspritzer-Version geordert werden.

Jüngster – aber hoffentlich nicht letzter – Sproß der Volante-Reihe ist der 1990er Virage Volante.

Auch der auf dem DB5 basierende „Short Wheelbase Volante" ist ein seltenes Stück: Nur 37 Einheiten wurden produziert.

AUSTIN-HEALEY

Oben: Den aufgesetzten Scheinwerfern verdankt der Sprite seinen Spitznamen „Froschauge".

Spartanisches Sprite-Interieur.

Austin-Healey, das ist ein Synonym für den englischen Roadster schlechthin: schlichte, von jeglichem Zierrat befreite Linien, spartanische Minimalausstattung, spritziges Handling, robustes Fahrwerk, brettharte Federung… Roadster-Tradition und Marken-Chronik sind so eng miteinander verflochten, daß nur die gemeinsame Betrachtung sinnvoll erscheint.

Bereits kurz nach dem Zweiten Weltkrieg entschließt sich Donald Healey dazu, seinen automobilen Ideenreichtum in die Praxis umzusetzen. Die ersten „Healeys" bestückt er mit Riley-Motoren. Ab 1952 liefert Austin die Technik: Vierzylinderaggregat, Getriebe, Lenkung und Radaufhängung.

Austin-Healey 100/6

Im März 1956 kommt Ablösung in Form des „100 Six" mit einem von BMC entwickelten Sechszylinderaggregat. Neben zwei zusätzlichen Zylindern und einem rasanteren Durchzugsvermögen im unteren Drehzahlbereich wartet dieser Wagen noch mit einer anderen großen Veränderung auf: Man verlängert den Radstand um gut fünf Zentimeter und ordnet verschiedene Bauteile anders an. So gewinnt man Raum für ein minimales „+2"-Abteil. Platz zum Sitzen bieten die Sitzmulden im Fond nicht, doch immerhin kann man ein paar Einkaufstaschen darin unterbringen. Der Six hat gegenüber dem BN1 und BN2 erheblich an Gewicht zugelegt und dadurch an Spritzigkeit verloren. Die Fans sehen das gar nicht gern, und so bleiben die Verkaufszahlen weit hinter den Erwartungen zurück.

Im Herbst 1957 wird die Produktion im Zuge einer allgemeinen Reorganisation bei BMC in das fünfzig Kilometer weiter nördlich gelegene MG-Werk in Abingdon verlegt. Etwa zur gleichen Zeit kommt ein wesentlich verbesserter Motor mit neuem „Six Port"-Zylinder-

Bei hochgeklappter Frontpartie ist der Motorraum des Sprite optimal zugänglich.

Austin-Healey 100/4

Der im Herbst desselben Jahres auf der Londoner Motor Show präsentierte, hellblau lakkierte Prototyp trägt noch nicht den Doppelnamen. Er nennt sich in Anspielung auf seine Spitzengeschwindigkeit schlicht „Healey 100". Das Publikum ist von dem schnellen Roadster begeistert, und so wittert Austin Ruhm und Erfolg: BMC-Chef Leonhard Lord bietet dem Kleinhersteller Healey an, den Wagen im Austin-Werk in Longbridge bei Birmingham in Großserie zu fertigen, und zwar zu besonders günstigen Konditionen. Einzige Bedingung: Der Flitzer soll als „Austin-Healey" auf den Markt kommen. Ein so verlockendes Angebot kann man schwerlich ablehnen, und so wandeln Healey und sein Sohn Geoffrey ihren Betrieb kurzerhand in ein Design- und Entwicklungsstudio um.

Das erste aus dieser Zusammenarbeit entstehende Fahrzeug läuft unter dem Codenamen „BN1". Im August 1956 folgt der „BN2" mit neuem Getriebe (Overdrive), stärkeren Bremsen, einer verbesserten Einzelradaufhängung vorn und einer hypoid verzahnten Hinterachse. Während der vierjährigen Produktionszeit laufen von beiden Modellen etwa 15.000 Einheiten vom Band. Im Renneinsatz erweist sich der Austin-Healey 100 als ernstzunehmende Konkurrenz. Auf Rekordfahrten sitzt Donald Healey oft selbst am Steuer.

Der Austin-Healey 3000 kommt 1959 auf den Markt: Abgesehen von einem größeren Motor und besseren Bremsen entspricht er dem früheren „Big Healey".

Austin Healey

kopf heraus. Kurz darauf feiert auch der kleine Zweisitzer ein Comeback.

Austin-Healey Sprite

Mit sicherem Gespür für den richtigen Augenblick präsentiert Sir Leonhard Lord 1958 den Austin-Healey Sprite, der unter der liebevollen Bezeichnung „Frogeye" in die Automobilgeschichte eingehen soll. Mit einem extrem kurzen Radstand von nur 2,03 m ist der „Neue" ein echter Winzling (Kein Wunder also, daß man den größeren 100/6 jetzt gern als „Big Healey" bezeichnet). Um eine möglichst verwindungssteife Karosserie zu erhalten, wurde auf einen Kofferraumdeckel verzichtet: Das Gepäck stopft man einfach in den Hohlraum hinter den Sitzen. Zusätzlichen Stauraum bieten die unverkleideten Türen (Abdeckungen sind gegen Aufpreis lieferbar).

Die komplette Frontpartie läßt sich hochklappen, so daß der Motorraum optimal zugänglich ist. Auffälligstes äußerliches Merkmal sind natürlich die aufgesetzten Scheinwerfer, denen der Sprite seinen Spitznamen verdankt. Ihr höchst originelles Design entspringt dem Zufall: Ursprünglich waren „Schlafaugen" geplant (die Prototypen waren damit ausgestattet), doch diese wurden in letzter Minute – ebenso wie die umklappbare Windschutzscheibe – aus Kostengründen gestrichen. Normale Scheinwerfer, so meinte man, seien genauso attraktiv. Dabei übersahen die Techniker jedoch die in den USA bestehenden Anforderungen an die Scheinwerfermindesthöhe. Für eine Änderung des Frontdesigns blieb keine Zeit mehr und so wurden die Lampen einfach auf die Motorhaube aufgesetzt. Viele BMC-Großserienteile finden in der Produktion des Sprite Verwendung. So

stammt die Zahnstangenlenkung aus dem Morris Minor 1000 und das Vierganggetriebe, die Vorderradaufhängung sowie der Vierzylindermotor (BMC Serie A) aus dem Austin A35. Das Ergebnis: Ein frecher, übermütiger Flitzer, dessen unverblümtem Charme man sich nicht entziehen kann! In der dreijährigen Produktionszeit laufen etwa 39.000 Einheiten vom Band.

Bei dem 1961 als „Sprite MK II" präsentierten Nachfolgemodell handelt es sich im Prinzip um dasselbe Auto. Neu sind nur die umfangreichere Ausstattung und eine etwas kantigere, modernere Linienführung.

Austin-Healey 3000

Der im Frühjahr 1959 vorgestellte 3000 ist im Prinzip ein 100/6 mit größerem Motor (2.912

Familienfoto: Austin-Healey 3000 und Sprite.

Das Froschverdeck ist etwas mühsam aufzusetzen. Die vordere Stoßstange wird nur gegen Aufpreis geliefert.

ccm, 124 PS) und besseren Bremsen (vorne Scheibenbremsen, hinten weiterhin Trommelbremsen): Die maskuline Ausstrahlung und das schlichte Styling bleiben erhalten. Daran soll sich auch in den nächsten neun Jahren zum Glück nichts ändern! Wie schon der 100/6 wird auch der 3000 in zwei Varianten angeboten: als Zweisitzer (BN7) und als 2+2 (BT7). 1961 präsentiert die Marke den leistungsstärkeren 3000 Mk II. (Werksangabe: 132 PS; zwei SU-Vergaser). Nur ein Jahr später entsteht aus dem Mk II der Mk II Convertible. Als wesentliche Änderungen sind eine etwas stärker gewölbte Windschutzscheibe, seitliche Kurbelfenster anstelle der Steckscheiben und vor allem ein verbessertes Verdeck zu vermerken. Im Frühling 1964 schließlich kommt der Mk III heraus. Er ist zweifellos der beste und auch schnellste seiner Gattung: 120 mph (193 km/h)! Für die Marke erweist er sich als echter Verkaufsschlager, bis BMC schließlich mit neuen US-Sicherheits- und Abgasvorschriften konfrontiert wird. Die in diesem Zusammenhang erforderlichen Designänderungen erweisen sich als zu kostspielig, und so wird die Produktion des „Big Healey" Ende 1967 eingestellt. Insgesamt werden 42.917 Einheiten (Mk I, Mk II, Mk II Convertible und Mk III) gefertigt.

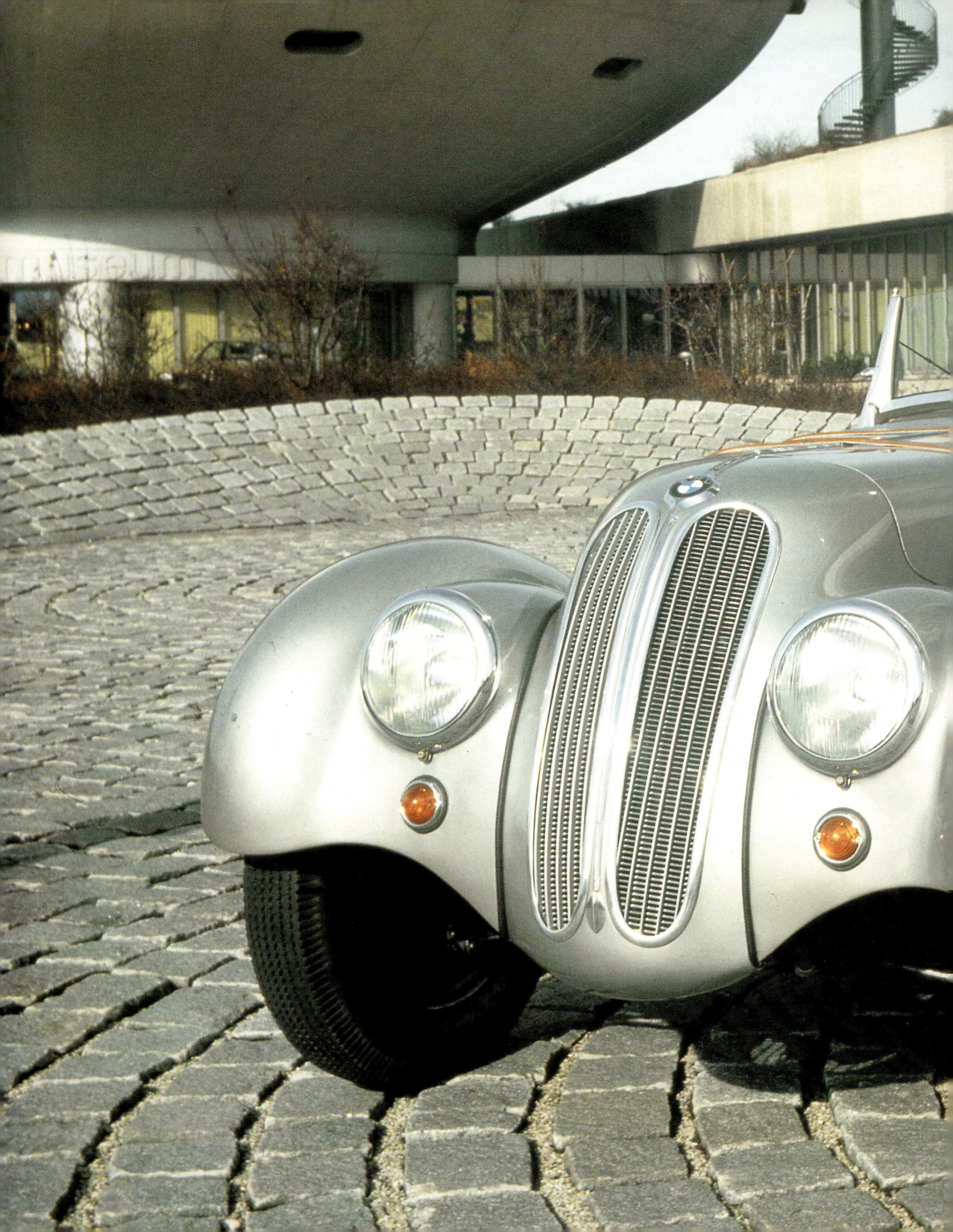

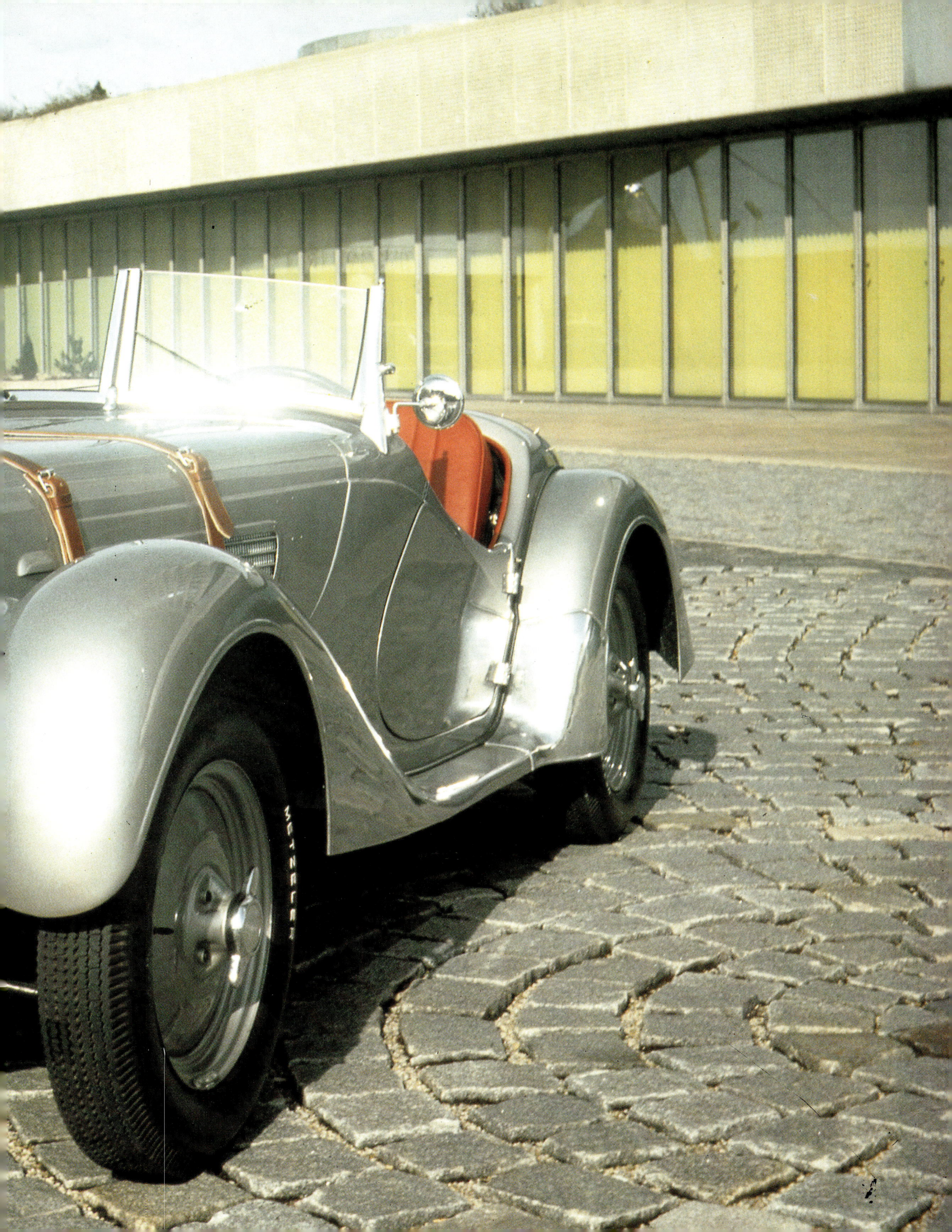
METZELER

BMW

Kurze Firmenchronik

1913 entstehen in ein paar Holzschuppen in der Schleißheimer Straße in München die Rapp-Motorenwerke. Neben Zwölfzylinderaggregaten nach Austro-Daimler-Lizenz baut Karl Rapp hier auch einen eigenen Flugmotor für militärische Zwecke. Doch dieser ist technisch unausgereift und rüttelt derart, daß in den damit bestückten Flugzeugen extreme Vibrationen auftreten. Das Schicksal des Unternehmens scheint besiegelt. Doch Austro-Daimler-Abnahmeingenieur Josef Popp hat die rettende Idee: Er holt den Flugzeugmotorenkonstrukteur Max Friz von Daimler nach München. Rapp scheidet aus, und Popp gründet gemeinsam mit Friz und Geldgeber Camillo Castigliano die Bayerische Motoren Werke AG. Friz konstruiert einen erfolgsträchtigen Motor, doch dieser kommt zu spät: Mit dem Ende des Ersten Weltkriegs muß auf zivile Produktion umgestellt werden; doch Auftraggeber aus diesem Bereich sind Mangelware. Zudem wird der Firma durch das mit dem Versailler Friedensvertrag auferlegte Flugverbot die Existenzgrundlage entzogen. So entschließt sich Castigliano zum Verkauf der bisherigen Bayerische Motoren Werke AG und zur gleichzeitigen Übernahme der maroden Bayerischen Flugzeugwerke, die Gustav Otto (der Sohn von Nikolaus August Otto, dem Erfinder des Viertaktmotors) 1916 in der benachbarten Lerchenauer Straße gegründet hatte. Hier entsteht die heutige BMW. Zunächst konzentriert man sich ganz auf die Herstellung von Motoren und Motorrädern.

Mit dem in Austin-Lizenz gebauten Dixie gelingt der Firma im Jahr 1928 ein erster Einstieg in die Automobilbranche. Weitere Modelle folgen – diesmal aus dem hauseigenen Konstruktionsbüro. Die Fahrzeuge der Marke sind „klein aber fein". Von Anfang an legt man Wert auf technischen Fortschritt. Schon bald stellen sich auch sportliche Erfolge ein. Während des Zweiten Weltkriegs wird BMW zum Rüstungsunternehmen. Nach Kriegsende rücken die Demontagetrupps an: Bis April 1948 werden an die 12.000 Maschinen abgebaut und verschifft.

Rechts: BMW-Niere im Stil der Dreißiger Jahre: Der 328 stammt aus einer Zeit, in der ein Auto die Nase noch hoch tragen durfte!

Vorhergehende Seite: BMW 328 Sport Roadster.

BMW 507: Das atemberaubende Aluminium-Kleid wurde von Albrecht Graf Goertz geschneidert.

Zehn Jahre lang, von 1941 bis 1951, werden keine Automobile gebaut, und mit dem ersten neuen Wagen erlebt BMW eine Enttäuschung: Der 501 ist zu schwer und zu konservativ. Auch mit den von Graf Goertz karossierten Luxusautomobilen plant BMW am Markt vorbei. Erst mit der in Iso-Lizenz produzierten Isetta – dem rundlich-liebenswürdigen Kabinenroller, den böse Zungen gern das „Beiboot" nannten – kann das Unternehmen einen vorübergehenden wirtschaftlichen Erfolg verbuchen. Doch Ende der Fünfziger Jahre sehen die Zukunftschancen alles andere als rosig aus. Da kommt der Erfolg des BMW 700 gerade recht: Mit ihm gelingt der Firma der Weg aus der Krise.

Von nun an geht es stetig bergauf. Im Laufe der Jahre entstehen neben dem Münchner Stammwerk weitere Produktionsstätten in Landshut, Dingolfing, Regensburg, Berlin. Die Fahrzeuge der Marke sind unter dem Slo-

Der BMW 328 ist eine echte Rarität: Nur 462 Exemplare wurden gebaut.

BMW

gan „Aus Freude am Fahren" zum Inbegriff für innovative Technik, kompromißlose Präzision und zivile Sportlichkeit geworden: BMW, das ist ein echtes deutsches Wertprodukt!

Cabriolets und Roadster mit dem weißblauen Emblem

Denkt man an BMW, so denkt man vor allem an sportliche Coupés. Offene Automobile bietet die Firma von je her nur am Rande an. Nach den berühmten offenen Sportwagen 327 und 328 der Vorkriegszeit wartet die Marke erstmals in den Fünfziger Jahren wieder mit einem komfortablen Cabriolet (503) und einem sportlichen Roadster (507) auf. Beide Modelle sind mit einem leistungsstarken V8-Motor (Hubraum: 3168 ccm, 140 bzw. 150 PS) ausgestattet.

Auf der Frankfurter IAA bietet BMW im September 1961 erstmals auch ein höchst gelungenes Cabriolet des BMW 700 an. Mit einem Verkaufspreis von 7.000 DM kostet der Wagen zwar 1.100 DM mehr als das Coupé, doch für ein Cabriolet ist er relativ preisgünstig. Er ist vor allem als Konkurrenz zu den billigen englischen Roadstern nach Art des Austin-Healey Sprite (siehe vorstehendes Kapitel) gedacht. Die Karosserie des spritzigen kleinen Sportwagens, dessen Linienführung auf den italienischen Designer Michelotti zurückzuführen ist, entsteht übrigens nicht bei BMW selbst, sondern sie wird beim Stuttgarter Karosseriewerk Baur in Auftrag gegeben. Auch das im April 1967 vorgestellte 1600-Cabriolet auf der Basis des 1600 Erfolgsmodells stammt von Baur. Anders als der 700er Vorgänger wartet dieser Wagen mit wesentlich höheren Leistungen (85 statt 40 PS) auf. Doch damit gibt man sich bei BMW nicht zufrieden: Der neue Zweilitermotor soll her! Um ihn einbauen zu können, muß für zusätzliche Karosseriesteifigkeit gesorgt werden. So entschließt man sich zum Bau eines Modells mit Überrollbügel; mit dieser Lösung trägt die Marke auch dem gestiegenen Sicherheitsbedürfnis der Kundschaft Rechnung. Damit gehen die Zeiten des Vollcabriolets fürs erste zu Ende.

Erst 1986 bringt die Firma wieder einen „echten" offenen Viersitzer auf der Grundlage des erfolgreichen Dreier-Modells auf den Markt. Die aktuelle Cabrio- und Roadster-Palette umfaßt fünf verschiedene Modelle: 318i Cabrio (Einsteigermodell), 320i und 325i Cabrio (kultivierter Sechszylinder), Z1 (High-Tech-Roadster) und M3 Cabrio (reinrassiger Sportler mit Vierventil-Technik). Ein Teil der Palette wird nicht bei BMW selbst, sondern von der eigens gegründeten BMW Motorsport GmbH gefertigt.

Die offenen Fahrzeuge mit dem weißblauen Emblem sind in jeder Hinsicht zeitgemäß. Ob Roadster oder Cabrio, die Marke wartet stets mit modernster Technik und solider Bauweise auf. Typisch BMW also!

Erzrivale des 300 SL: Der 507 Roadster von BMW (Stückzahl: 245 Einheiten).

DKW

Bei der Betrachtung der deutschen „offenen" Automobilszene der Fünfziger und Sechziger Jahre führt kein Weg an einem Automobilhersteller vorbei, der heute nicht mehr eigenständig, sondern in das Audi-Imperium eingegliedert ist. Gemeint ist DKW.

DKW und die Auto Union

1904 gründen Jörge-Skafte Rasmussen und sein Partner Ernst in Zschopau die Firma DKW. Die Initialen stehen für **D**ampf **K**raft **W**agen, später werden sie als „Das kleine Wunder" gedeutet (Spötter witzeln zuweilen auch: „Deutsche Kinder-Wagen"). Über die Herstellung von Modell-Zweitaktern gelangt die Firma zum Bau echter Motoren. Dem Zweitaktprinzip bleibt die Marke über ihre gesamte Bestehenszeit hinweg treu. 1919 entsteht das erste Motorrad, 1928 das erste Automobil. Im gleichen Jahr übernimmt DKW die damalige Firma Audi (von welcher der heutige Audi-Konzern seinen Namen hat). Dieses Unternehmen hatte August Horch 1909 gegründet, nachdem er im Streit aus seinem ersten, nach ihm benannten, Unternehmen ausgeschieden war. Zur deutlichen Abgrenzung von seiner früheren Firma benennt Horch das neue Unternehmen mit dem lateinischen Äquivalent seines Namens „Audi".

Das Emblem mit den vier Ringen entsteht 1932: DKW und die Tochtergesellschaft Audi schließen sich mit der Personenwagensektion von Wanderer und Horch zur Auto Union zusammen. Jeder der Ringe symbolisiert eine der vier Marken des Verbunds.

In der unmittelbaren Zeit nach dem Zweiten Weltkrieg prägen die kleinen DKWs das Straßenbild: Sie waren 1939 als „kriegsuntauglich" eingestuft worden, weil sie zu klein, zu schwach und zu wenig geländegängig waren – auch das Beimischen von Öl beim Tanken erschien zu unrationell. So überleben viele dieser Autos den Krieg und leisten beim Wiederaufbau und der Versorgung der Bevölkerung nicht zu unterschätzende Dienste.

Der Wiederanfang nach dem Krieg erweist sich für die Marke als denkbar schwierig. Sämtliche Produktionsstätten der DKW-Gruppe liegen auf östlichem Territorium und gelten folglich als verloren. Erst 1950 kann die Produktion in der 1945 vornehmlich als Ersatzteillager gegründeten Auto-Union-Niederlassung in Ingolstadt wieder anlaufen. Zu-

AU 1000 Sp: Eindrucksvolle Proportionen.

sätzliche Produktionskapazitäten entstehen in den in völlig zerbombtem Zustand aufgekauften und wiederhergestellten Anlagen der Rheinmetall Borsig AG in Düsseldorf.
Die Spitzengeschwindigkeit des ersten Nachkriegs-DKW liegt dank strömungsgünstiger Linienführung über dem für damalige Verhältnisse magischen Wert von 100 km/h. Trotz dieser beachtlichen Leistung halten viele den Wagen für übertuert: Die billigste Variante des „Sonderklasse" oder „3=6" kostet Tausend Mark mehr als der Standard-

AUTO UNION

VW (Preis 1950: 5.830 DM). Das von Karmann gefertigte viersitzige Cabriolet ist mit 7.585 DM sogar um 200 DM teurer als der Mercedes 170 V!

1958 übernimmt Daimler-Benz 88 % der Auto-Union-Anteile. Im gleichen Jahr wird in Ingolstadt der Grundstein für ein neues Werk gelegt. Die Herrschaft der Stuttgarter währt nur sechs Jahre. Bereits 1964 erwirbt Volkswagen die Aktienmehrheit.

Die Zeiten haben sich gewandelt, und die Käufer sind nicht mehr allein mit gelungenem Karosseriestyling zufriedenzustellen. Der für die Marke typische, wassergekühlte Zweitaktmotor kann den steigenden Anforderungen an Leistung und Laufruhe nicht

Der deutsche Ford Thunderbird: die Heckflossen des 1000 Sp entsprechen dem Zeitgeschmack.

Wer Sp fahren will muß tief in die Tasche greifen: der „Roadster" kostet 1961 fast 11.000 DM.

DKW

Der kleine F 12 Roadster:...

mehr gerecht werden. Die Kunden wollen kraftvollen Sound anstelle des spärlichen Reng-Teng-Tengs! So sieht sich die Marke schließlich gezwungen, auf ein moderneres Motorenkonzept umzusteigen. Nur ein Jahr nach der Übernahme durch VW wird der erste Viertakt-Motor präsentiert. Der Name DKW aber ist allzu eng mit dem Zweitaktprinzip verknüpft, und so kommt der „Neue" als Audi auf den Markt.

1969 schließlich verschmilzt die Auto Union mit NSU in Neckarsulm zur Audi NSU Union.

Heckflossen made in Germany: Der 1000 Sp

Auf der Frankfurter IAA wird 1957 ein neuer Star der DKW-Palette präsentiert: Der 1000 Sp. Zunächst gibt es den in Prototypversion vorgestellten Wagen nur als Coupé; auf die offene Version müssen die Liebhaber der Marke noch drei Jahre lang warten. Doch die Geduld wird belohnt: Der „...vielfach preisgekrönte Wagen für verwöhnte Ansprüche, sportlich und doch unkompliziert, für Fahrer von Format" (so das DKW-Prospekt aus dem Jahr 1962) kann sich sehen lassen. Mit seinen Heckflossen und seiner schnittigen Linienführung wird er gern als das deutsche Äquivalent des Ford Thunderbird bezeichnet. Der offizielle Name lautet „Auto Union 1000 Sp Roadster" (laut Entscheidung der seit 1958 in Ingolstadt tonangebenden Herren von Daimler Benz heißen alle Modelle außer dem Junior nicht mehr DKW, sondern Auto Union).

Rein äußerlich liegt der bei Baur in Stuttgart karossierte Wagen voll im Trend der Zeit, und unter der Haube steckt deutlich modernisierte Technik: Der Dreizylinder-Zweitakter wurde 1957 umfassend überarbeitet und ist jetzt deutlich ruhiger und elastischer. Auch das Antriebskonzept ist für die damalige Zeit

AUTO UNION

...attraktiv und preisgünstig.

höchst fortschrittlich: Der 1000 Sp ist ein Fronttriebler. Daß der besondere Geschmack schon immer etwas teurer war, erkennt man am Preis des Ingolstädter Stars. Er kostet 10.750 DM!

Frischluftspaß für Kleinverdiener: Der F 12

Als preisgünstige Alternative lanciert die Marke bereits 1963 einen weiteren offenen Wagen, den F 12 (Kostenpunkt: 7.250 DM). Im Gegensatz zu dem mit maßgeschneiderter Sonderkarosserie ausgestatteten und daher teuren Sp schneidet man für den neuen DKW-Zweisitzer der F 12-Limousine (Junior-Nachfolger) einfach das Dach ab und verpaßt dem Heck ein neues Styling. Dank des massiven Kastenrahmens kann auf zusätzliche Versteifungen weitgehend verzichtet werden: Für die offene Variante muß lediglich eine zusätzliche Blechplatte vor der Kofferraumwand eingezogen werden. Da für die Karosserie überwiegend Teile aus dem Limousinenprogramm verwendet werden können, wird der Wagen nicht bei Baur sondern im eigenen Werk in Ingolstadt gefertigt. Durch ein Leistungsplus von fünf PS (der Motor schafft jetzt 45 PS) erreicht der Wagen 135 km/h. Neu sind auch die Frischölautomatik und die Scheibenbremsen an den Vorderrädern. Damit das teurere Sp-Spitzenmodell nicht in den Schatten des Neulings gerät, kommt auch dieses kurz vor der Präsentation des F12 in den Genuß dieser beiden technischen Neuerungen. Trotzdem erweist sich der kostengünstigere Ableger als ernstzunehmende Konkurrenz, und zwar nicht nur für den Sp 1000, sondern auch für die kleinen Sportwagen aus England.

Die Fertigung des F12 wird im April 1965 eingestellt, kurz darauf geht auch die Ära des Sp 1000 zu Ende. Die Zeiten des Zweitakters sind vorbei...

JAGUAR

JAGUAR

JAGUAR

Kurze Firmenchronik

Im Sommer 1921 macht sich der junge William Lyons auf die Suche nach einem geeigneten Job. Die ihm angebotene Stellung als Automobilverkäufer erscheint ihm wenig vielversprechend, und auch eine Karriere in der elterlichen Klavierwerkstatt reizt ihn nicht. Durch Zufall entdeckt der motorradbegeisterte junge Mann eines Tages einen am Straßenrand abgestellten Seitenwagen, der im Vergleich zu den damals üblichen „Kisten auf Rädern" ausgesprochen schnittig wirkt. Es gelingt Lyons, den Hersteller William Walmsley dazu zu überreden, diese Seitenwagen in wirtschaftlich rentablen Stückzahlen zu bauen. So wird am 11. September 1922, an William Lyons 21. Geburtstag, die Swallow Side Car Company in Blackpool gegründet. Die hier produzierten Seitenwagen verkaufen sich so gut, daß die gemietete Werkstatt schon bald zu klein wird, und so entschließen sich Lyons und Walmsley zum Umzug in ein größeres Gebäude in der Cocker Street: Hier steht ausreichend Platz zur Verfügung, um neben Seitenwagen auch Karosserien zu fertigen. Der Karosseriespezialist Cyrill Holland (ein ehemaliger Lanchester-Mitarbeiter) wird ins Haus geholt, um beim Aufbau der Produktion behilflich zu sein. 1927 ist es schließlich so weit: Der erste „Swallow", ein offener Zweisitzer mit Aluminiumkarosserie auf der Basis eines Austin Seven-Fahrgestells, ist fertig. Von nun an ist der Aufstieg unaufhaltsam. Der Londoner Automobilhändler Henlys ordert gleich 500 Einheiten. Auch eine kleine Limousine soll geliefert werden. Ein solcher Auftrag übersteigt bei weitem die Produktionskapazitäten des Werkes in der Cocker Street, und in Blackpool fehlt es zudem an Arbeitskräften. So beschließt man kurzerhand einen Ortswechsel: Eine leerstehende Munitionsfabrik nördlich von Coventry, nahe der englischen Industriemonopole Birmingham, wird als Standort ausgewählt. Nach Anlaufen

Oben und rechts: Speichenräder sind selten: die meisten 120er wurden mit hinteren Radabdeckungen ("Spats") ausgeliefert.

Vorstehende Seite: Jaguar XK 120

der Produktion im Jahr 1929 entstehen hier bis zu 40 Austin Seven Swallows in der Woche. Neben diesen Fahrzeugen bietet die Marke auch Aufbauten für Chassis von Swift, Fiat und vor allem Standard an. Doch Lyons ist mit dem Erreichten längst nicht zufrieden. Er will ein Automobil ganz nach eigenen Vorstellungen bauen. Um dieses Ziel zu erreichen, trifft er ein Abkommen mit der Standard Motor Company: Diese liefert künftig Fahrgestelle nach Swallow-Spezifikation. Das Ergebnis dieser Zusammenarbeit, der SS1, ist im Oktober 1931 auf der Motor Show im Londoner Olympia zu bewundern. Die englische Automobilzeitschrift „The Motor" kommentiert: „Der SS1 ist eine neue Art von Automobil, für Kenner gebaut und dennoch relativ preiswert." Dieser Satz trifft ohne Einschränkungen auch für die Jaguars von heute zu.

1934 gründen Walmsley und Lyons ein ein neues Unternehmen: SS Cars Limited. Doch Walmsley scheidet schon nach kurzem aus. Er fühlt sich der zusätzlichen Belastung durch eine noch größere Firma nicht gewachsen. Schon ein Jahr später, 1935, wird das Unternehmen in eine Aktiengesellschaft mit William Lyons als Hauptaktionär umgewandelt. In diesem Jahr wird mit dem SS Jaguar 100 eine erste Raubkatze präsentiert. Durch straffe Organisation, rationelle Fertigungsmethoden und konsequente Verwendung von in großen Stückzahlen eingekauften und daher billigen Zuliefererteilen kann Lyons seine höchst luxuriös ausgestatteten und elegant gestylten Automobile zu extrem günstigen Preisen auf den Markt bringen. Traditionsmarken wie Rolls-Royce und Lagonda lernen das Fürchten…

Mit dem Ausbruch des Krieges muß die Automobilproduktion in Coventry „kriegsrelevanten" Aufgaben weichen. Im Werk werden Anhänger gebaut und Flugzeuge repariert. Doch in den Konstruktionsbüros ist man nicht untätig: Hier schmiedet man automobile Pläne für friedlichere Zeiten. So kann die Marke bereits 1945 mit einer ersten Nachkriegspalette aufwarten. Eine Umfirmierung in „Jaguar Cars Limited" erscheint unerläßlich: Die Initialen „SS" sind angesichts düsterer Nazi-Assoziationen nicht mehr salonfähig.

Der XK 140 (hier als Drophead-Coupé) ist technisch ausgereifter als sein Vorgänger. Nachteilig ist jedoch sein um etwa 100 kg größeres Gewicht.

In den nun folgenden Jahren erwirbt die Marke mit ihren traumhaft gestylten, faszinierenden Sportwagen und ihren höchst luxuriös ausgestatteten Limousinen internationales Renommée. 1952 wird die Fertigung nach Coventry in die Brown's Lane verlegt, wo Mitte der Fünfziger Jahre mit der Vorstellung einer kompakten Limousine (Mk 2) ein Vorstoß in Richtung Großserienfertigung unternommen wird. Doch die gigantischen Stückzahlen anderer Automobilhersteller erreicht man in der Brown's Lane nie. Chronisten schreiben dies der Tatsache zu, daß Lyons nach dem Verlust seines Sohnes (dieser kommt 1955 bei einem Autounfall ums Leben) keinen Sinn mehr in größtmöglicher Expansion sieht. In Anerkennung seiner Exportleistungen wird William Lyons 1956 in den Adelsstand erhoben: Seine Firma ist inzwischen einer der größten „Dollarverdiener" Großbritanniens. 1959 erreicht der Unternehmensgewinn nach Steuern eine Mil-

JAGUAR

lion Pfund bei einer Jahresproduktion von knapp 21.000 Einheiten. In diesem Jahr zieht sich die Firma nach vielen Erfolgen aus dem aktiven Rennsport zurück und konzentriert sich auf die Weiterentwicklung der Serienfahrzeuge. 1960 übernimmt Jaguar den ältesten englischen Automobilhersteller Daimler.

Durch den Zusammenschluß mit BMC entsteht 1966 die British Motors Holding (BMH). Diese fusioniert zwei Jahre später mit der Leyland-Gruppe: Der Staatskonzern British Leyland entsteht. 1984 schließlich wird die Marke wieder in die Unabhängigkeit entlassen: Die Regierung Thatcher beschließt angesichts der soliden Finanzlage die Privatisierung. Fünf Jahre später, 1989, reiht sich Jaguar neben Aston Martin und AC (dem Hersteller der berühmten Cobra) in das Ford-Imperium ein.

Raubkatzen mit der Nase im Wind

William Lyons hat von Anfang an ein Faible für offene Zweisitzer, und so fängt die offene Fahrtradition gleich mit der ersten „Schwalbe" auf Austin-Seven-Fahrgestell an. Der SS1, SS90 und SS Jaguar 100 sind weitere Beispiele für gelungene offene Sportwagen der Vorkriegszeit. Parallel dazu entstehen „Drophead Coupés" als offene Varianten der Limousinen.

Die XK-Generation

Nur drei Jahre nach Kriegsende präsentiert die inzwischen in Jaguar Cars Ltd. umbenannte Firma einen neuen Sportwagen mit revolutionärer Technik: Der unter Leitung von Chefkonstrukteur Bill Heynes entwickelte XK-Sechszylindermotor mit doppelter obenliegender Nockenwelle, halbkugelförmigen Brennräumen und Leichtmetallzylinderkopf ist seiner Zeit weit voraus. Auch äußerlich kann sich der Wagen sehen lassen: Die fließenden, harmonischen Linien des zunächst in einer offenen Zweisitzervariante angebotenen „XK 120" (XK steht für den Motor, 120 für die angestrebte Höchstgeschwindigkeit in Meilen pro Stunde) sind rassig und edel. Kein Vergleich mit den an Vorkriegstage gemahnenden altbackenen Designvorschlägen der Konkurrenz! Der Wagen ist nicht nur schnell und schön, sondern auch höchst komfortabel. In den Vereinigten Staaten wird er schon bald zum Prestigeobjekt der High Society: Clark Gable kauft gleich drei Modelle dieses Typs! Doch der XK 120 macht nicht nur auf den Prachtboulevards Furore: Auch im Rallye-Einsatz erweist er sich als höchst erfolgreich.

1954 wird mit dem XK 140 ein würdiger Nachfolger präsentiert. Neben dem reinen Zweisitzer-Roadster stellt Jaguar erstmals auch ein Plus 2-Cabriolet vor. Auf Wunsch ist ein Getriebe mit Overdrive oder (ab Oktober 1956) Automatik lieferbar. Rein äußerlich unterscheidet sich der XK 140 von seinem Vorgänger durch massivere Stoßfänger und einen neuen Kühlergrill. Blinklichter sind weitere Zeichen der technischen Entwicklung. 1957 folgt der XK 150: Zunächst kommt das Cabriolet heraus, ein Jahr später der Roadster. Zum Entsetzen der Puristen weist dieser Kurbelfenster anstelle der früheren Steckscheiben auf! Unterscheidungsmerkmale zum XK 140: Ungeteilte Windschutzscheibe, gerade nach hinten gezogene Kotflügel, größerer Kühlergrill und etwas längerer Aufbau. Ausschließlich bei diesem Modell wird auf Wunsch der springende Jaguar als Kühlerfigur montiert.

Der E-Type

1961 gelingt der Marke ein ganz großer Coup: Sie präsentiert auf dem Genfer Salon ein Automobil, das zur Legende wird – den E-Type! Bis heute hat dieser Wagen nichts von seiner Faszination verloren, und viele sehen in ihm den schönsten Sportwagen aller Zeiten. Die Linienführung erinnert deutlich an den Rennwagen-Typ D, der in Le Mans drei Siege für Jaguar eingefahren hatte. Das technische Konzept ist so fortschrittlich, daß manche Konstruktionsmerkmale noch in den

Rasse pur: der Jaguar E-Type!

XJS Cabrio von 1988: die deutsche Firma Karmann leistet Unterstützung bei den Entwicklungsarbeiten.

modernen Jaguar-Modellen der Neunziger Jahre zu finden sind. Neu ist insbesondere die unabhängige Hinterachsbaugruppe mit Einzelradaufhängung, die mit wenigen Bolzen am Fahrzeugrumpf befestigt ist. Der ursprüngliche 3,8 Liter E-Type bietet Ferrarimäßige Leistungen (Vmax 240 km/h, in sieben Sekunden von 0 auf 100 km/h) zum erschwinglichen Preis. Je nach Katalog wird der offene E-Type als „Roadster", „Cabriolet" oder „Open Two-Seater" angeboten. Das komplett versenkbare, ungefütterte Verdeck schützt effizient vor Sonne, nicht jedoch vor Regen. Ab Oktober 1964 kann wahlweise ein größerer Motor (4,2 Liter) geordert werden. An die Stelle der Serie 1 tritt in der zweiten Jahreshälfte 1967 die sogenannte „Serie 1 1/2" (neues Vinylverdeck, Scheinwerfer ohne Plexiglasabdeckung, Armaturenbrett mit Kippschaltern anstelle von Hebeln), mit der die Zeit bis zum Erscheinen der Serie 2 im Oktober 1968 überbrückt wird. Die meisten der Modifikationen ergeben sich aus dem Diktat der amerikanischen Sicherheits- und Abgasvorschriften. Deutlichstes Unterscheidungsmerkmal ist das größere Maul. Als weitere Modifikationen sind höher angeordnete Stoßfänger mit darunterliegenden Blinkleuchten, vorverlegte Scheinwerfer und seitliche Begrenzungsleuchten (nur in der US-Ausführung) zu erwähnen. Im März 1971 wird schließlich mit der Serie 3 eine Zwölfzylinderversion des E-Type präsentiert. Das „V12" am Heck läßt auch heute noch die Herzen der Fans höherschlagen.

Der XJS

Mit der Einstellung des berühmten E-Type sind auch bei Jaguar die Zeiten des Vollcabrios fürs erste vorbei: Anfang der Siebziger Jahre munkelt man von einem bevorstehenden Verbot solcher Wagen in den Vereinigten Staaten, und so gerät die als „Convertible" geplante offene XJS-Version zum Targa. Erst im März 1988 kommt wieder ein ausschließlich in der V12-Version erhältliches Vollcabrio heraus.

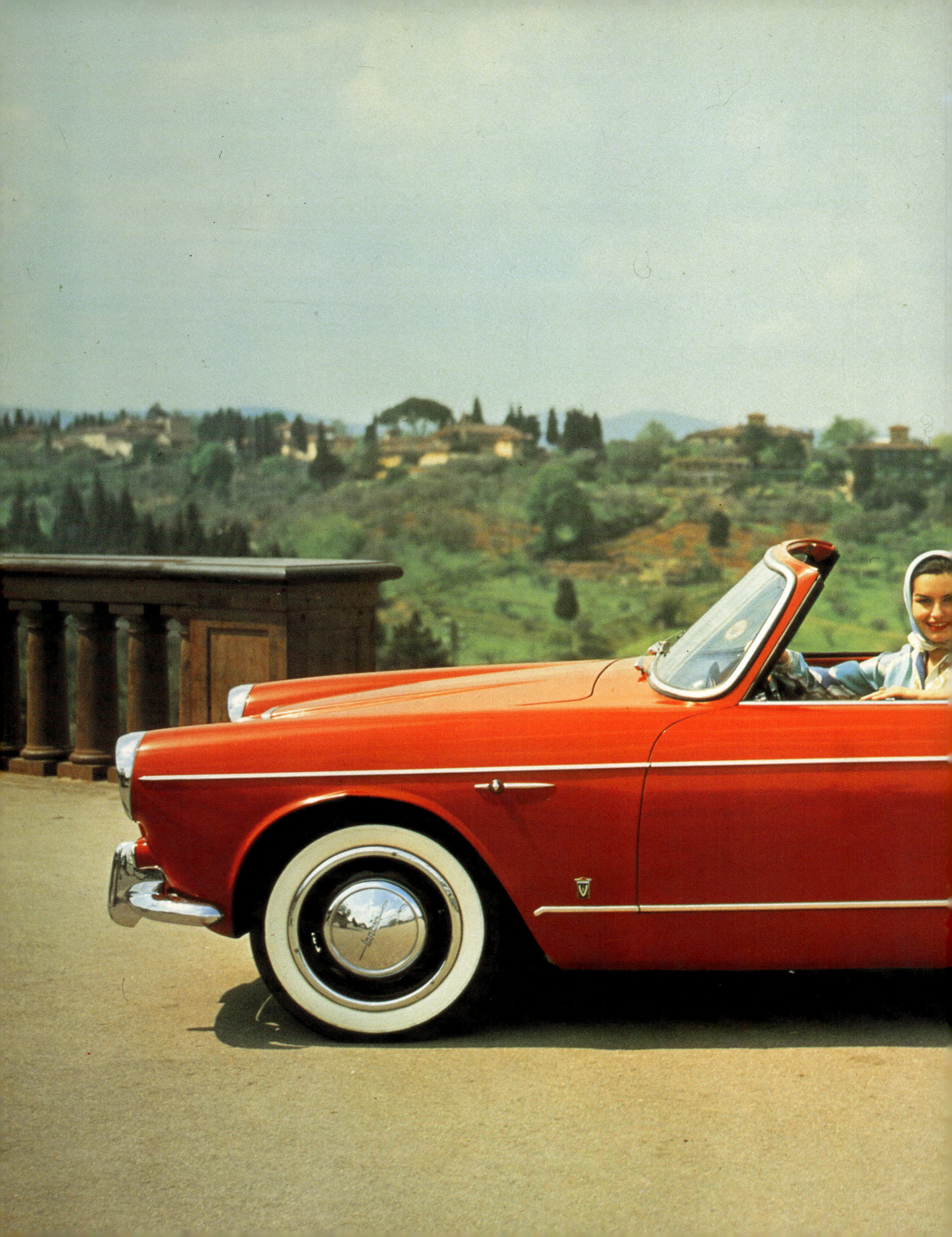

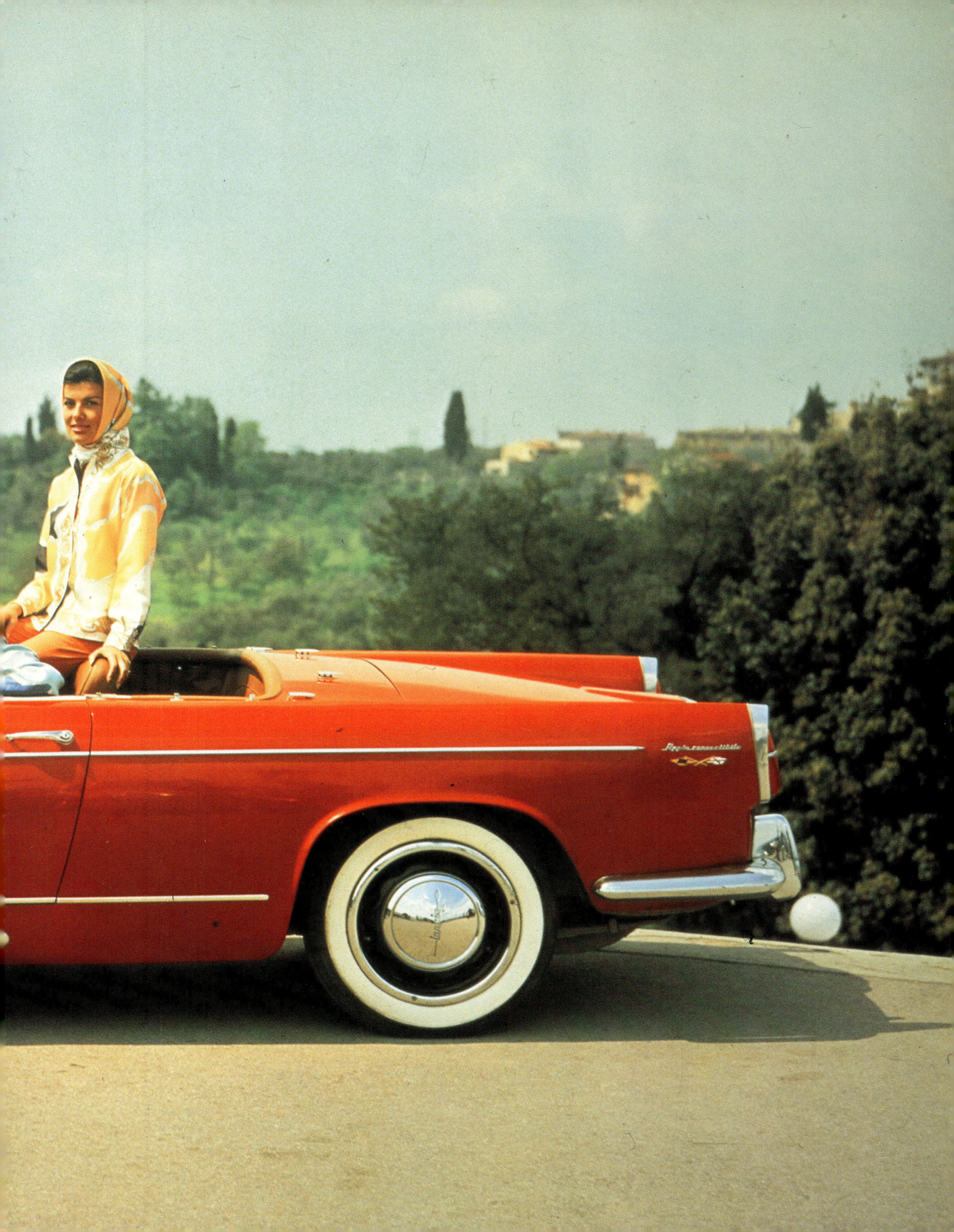

LANCIA

Rechte Seite:
Vorkriegsgeneration:
Lancia Aprilia Cabriolet.

Kurze Firmenchronik

Als Vincenzo Lancia im Jahr 1906 seine Firma gründet, ist sein Name längst nicht mehr unbekannt: Während seiner Tätigkeit für Fiat hat er sich bereits in den Jahren zuvor einen hervorragenden Ruf als Rennfahrer erworben. Auch als Automobilhersteller zeigt er große Begabung. Dem jungen Unternehmer fehlt es jedoch anfangs an Glück: 1907 werden die Fabrikanlagen bei einem Großbrand stark beschädigt, und so muß die Produktion vorübergehend eingestellt werden. Doch Lancia läßt sich von solchen Schicksalsschlägen nicht entmutigen. Schon kurze Zeit später kann die Fertigung wieder anlaufen. 1908 bringt die Marke mit dem Alpha das erste Exemplar einer Reihe von Wagen heraus, die nach dem griechischen Alphabet benannt werden: In der Folgezeit etabliert sich Lancia als Hersteller individueller, ausgewogener und technisch höchst anspruchsvoller Fahrzeuge. Für Italiener, die keinen Fiat fahren wollen, gilt Lancia schon bald als echte Alternative zu Alfa-Romeo. In automobiltechnischer Hinsicht vollbringen die Turiner Pionierleistungen: Der 1915 patentierte, spitzwinkelige V-Motor mit versetzten Zylindern ist revolutionär. Als einer der ersten Hersteller bietet Lancia mit dem Aprilia und dem Ardea Fahrzeuge mit selbsttragender Karosserie und vorderer Einzelradaufhängung an. Beim Aprilia sind sogar die hinteren Räder einzeln aufgehängt. Den großen Erfolg dieser Modelle erlebt Firmengründer Vincenzo Lancia nicht mehr: Er stirbt am 15. Februar 1937, doch sein Name lebt weiter. Sein Sohn Gianni übernimmt das Unternehmen, und unter seiner Leitung entstehen höchst gelungene Fahrzeuge von dezenter Eleganz. Berühmte Designer wie Pinin Farina, Touring, Vignale, Zagato und andere liefern phantastische Karosserieentwürfe.

Vorstehende Doppelseite: Vignale zeichnet für die Cabriolet-Version des Lancia Appia verantwortlich.

Ein optischer Leckerbissen: der „Aurelia Convertible".

Der Aurelia

Anfang Mai 1950 präsentiert Lancia auf dem Turiner Salon den Nachfolger des berühmten Aprilia. Für die Konstruktion des Wagens zeichnet der ehemalige Alfa-Romeo-Mitarbeiter Vittorio Jano verantwortlich. Der Wagen ist zunächst mit einem 1,8-Liter Motor im üblichen 60°-Zylinderwinkel und zentraler Nockenwelle ausgestattet. Durch die ungewöhnliche Anordnung der Kupplung und des Getriebes direkt vor dem Differential bei den Hinterrädern wird eine optimale Gewichtsverteilung erreicht. Andere Hersteller übernehmen dieses System erst sehr viel später. Weitere technische Besonderheiten des Wagens sind der automatische Kettenspanner für den Nockenwellenantrieb, die selbsttragende Karosserie ohne Mittelpfosten und das Lenkgetriebe mit Rundum-Schneckenrad. Die Cabriolet-Variante des Aurelia stammt aus dem Hause Farina. Sie basiert auf einem Chassis mit Plattform und Kastenträgern und zeichnet sich durch Originalität und perfekte Reinheit der Linienführung aus: Die Seitenflächen gehen völlig nahtlos in die vorderen Kotflügel über, die hinteren Kotflügelkonturen sind nur leicht angedeutet und das Heck fällt schräg ab. Die Harmonie und Ausgewogenheit dieser Karosserie ist unübertrefflich.

Bereits ein Jahr später wird – ebenfalls in Turin – eine Gran-Turismo-Version des Aurelia präsentiert. Zunächst wird das mit einem größeren Motor (2 Liter, 75 PS, 160 km/h) bestückte Fahrzeug nur als Coupé angeboten. Dieses bringt der Marke zahlreiche Renn- und Rallyeerfolge ein. 1952 präsentiert Pinin Farina hierzu einen Spider. Zwei Weber-Fallstromvergaser sorgen bei diesem Versuchsmodell für ein erhebliches Leistungsplus (115 PS). Dominantes Charakteristikum dieses Wagens ist der originelle, kreisrunde Kühlergrill. 1954 wartet Pinin Farina erneut mit einer offenen Aurelia-Variante auf: Der auf einem verkürzten GT basierende „Spyder America" ist mit Panoramascheibe und seitlichen Steckscheiben ausgestattet; sein Design ist offensichtlich von den Rennsportwagen inspiriert.

1956 treibt es so manchem Fan der Marke Tränen in die Augen: Vor der nordamerikanischen Küste kommt es zu einem Zusammenstoß zwischen dem schwedischen Ozeandampfer „Stockholm" und dem italienischen Luxusliner „Andrea Doria". Bei diesem Unglück versinken etliche Aurelia Convertibles für immer in den Fluten des Atlantik. Angesichts der geringen Stückzahlen ist dieser Verlust besonders schmerzlich!

Der Appia

Als kleiner Bruder des Aurelia wird auf dem Turiner Salon 1953 der Nachfolger des Ardea präsentiert. Sein Herzstück ist ein V4-Motor mit einem Zylinderwinkel von nur 10 Grad. Die Steuerung erfolgt über zwei unten im Kurbelgehäuse gelagerte Nockenwellen. Dem Appia kommt für das Turiner Unternehmen eine Schlüsselrolle zu: Mit diesem Wagen kann der Marktanteil erheblich erweitert werden. Bis 1963 werden über 100.000 der zahlreichen Appia-Varianten abgesetzt (dies entspricht in etwa der gesamten Verkaufsleistung des Hauses in den vorangegangenen fünfzig Jahren!). Auf eine offene Variante müssen die Freunde der Marke bis 1957 warten: Gemeinsam mit zwei Coupés wird in diesem Jahr auf dem Genfer Salon ein Cabriolet präsentiert, für das diesmal Vignale verantwortlich zeichnet. Hiervon entstehen nur etwa einhundert Exemplare: Angesichts des relativ hohen Preises bleibt der Wagen ein Exklusivmodell. Das Vignale-Cabriolet basiert im wesentlichen auf der Appia-Limousine. Die Leistung wurde jedoch mit Hilfe einer höheren Verdichtung und eines Doppelvergasers deutlich gesteigert. Im Gegensatz zur Limousine basiert das offene Modell auf einem separaten Plattformrahmen. Ab Mai 1960 profitiert das Cabriolet von einer weiteren Leistungssteigerung (3. Serie): Ein neuer Zylinderkopf macht's möglich! In dieser Form bleibt das bei Vignale gebaute Cabriolet bis 1963 im Programm.

Der Flaminia

Auf dem Turnier Salon 1956 überrascht Lancia mit einem neuen Modell, dem Flaminia. Die offene Variante dieses mit dem 2,5 Liter-GT-Aggregat (V6) bestückten Wagens folgt jedoch erst vier Jahre später. Premiere hat das von Touring gestylte Cabriolet auf dem Genfer Salon von 1960. Auch diesmal bietet Lancia einen technisch ausgefeilten und optisch ansprechenden Wagen. Die Karosserie des Touring-Cabriolets ist ganz aus Aluminium gefertigt und auf einem stählernen Chassis montiert. Das Styling erinnert deutlich an einen berühmten britischen Konkurrenten: den Aston-Martin DB4. In Punkto Vorderradaufhängung bricht die Marke mit einer alten Tradition, die auf die Zeiten des berühmten Lambda zurückgeht: Anstelle der früheren Teleskoprohre werden erstmals Dreieckslenker und Schraubenfedern eingebaut.

1959 entsteht ein neues Werk in Chivasso, 23 Kilometer von Turin entfernt. Lancia ist mittlerweile nach Fiat zum zweitgrößten Automobilhersteller Italiens aufgerückt. Alle Anstrengungen des Unternehmens richten sich auf den Flavia, einen Wagen mit Frontantrieb: Dieser ist zwar technisch ebenso interessant wie seine berühmten Vorgänger, doch in punkto Styling bleibt der Neue hinter den früheren Modellen zurück.

1969 gerät Lancia in finanzielle Schwierigkeiten und wird vom Marktführer Fiat übernommen. Auch bei Ferrari wird Fiat Hauptaktionär. Mit der verlorenen Unabhängigkeit ändert sich das Lancia-Konzept. Die Wagen bleiben zwar weiterhin sportlich, doch für offene Automobile zeigt die Marke kein Interesse mehr. Formvollendete Spider wie in früheren Tagen sucht man heute in der Fahrzeugpalette vergeblich...

LOTUS

Kurze Firmenchronik

Wie bei vielen anderen großen Automobilmarken steht auch hinter dem Namen Lotus ein genialer Mann: Colin Chapman. Seine Karriere beginnt er schon in Studententagen mit dem Handel von Gebrauchtwagen; diese Erwerbsquelle versiegt jedoch 1947 angesichts des Zusammenbruchs der Benzinversorgung im England der unmittelbaren Nachkriegszeit. Einziges Überbleibsel ist ein desolater Austin Seven. In der Garage hinter dem Haus von Freundin Hazel Williams entsteht aus diesem Wagen der erste Lotus, mit dem sich Colin und Hazel erfolgreich an „Trials" (Geländerennen, die sich damals in Großbritannien großer Beliebtheit erfreuen) beteiligen. Damit ist der Grundstein gelegt. Der zweite Wagen aus der Hinterhofwerkstatt, der „Mark 2", ist ebenfalls ein Trial-Car. Er wird an Stirling Moss' Onkel Mike Lawson verkauft. Der dritte Wagen ist so schnell, daß das Wettbewerbsreglement geändert werden muß, um anderen Herstellern wenigstens eine Chance einzuräumen. Und der vierte schließlich ist das Non-Plus-Ultra eines Trial-Fahrzeugs.

Chapmans erstes Serienmodell ist der Mark 6. Er wird als Bausatz vertrieben und erringt trotz geringer Stückzahl (ca. 100 Einheiten) zahlreiche motorsportliche Erfolge. Mit dem Mark 8 (die Nummer „Seven" behält sich Lotus für eine spätere Neuauflage des Mark 6 vor) präsentiert die Firma einen Sportwagen mit perfektem aerodynamischem Styling. Er dient nicht nur als Ausgangspunkt für den Mark 9 und 10, sondern auch für den „Eleven", einen Rennwagen, der in Le Mans als Sieger in seiner Klasse durchs Ziel geht.

1957 stellt Lotus mit dem „Twelve" sein erstes, ausschließlich fürs Rennen konzipiertes Automobil vor. Dieser Wagen bringt der Marke mehrere Weltmeistertitel ein. Das Erfolgsrezept der englischen Firma ist nicht so sehr die Leistungsstärke der Motoren, sondern die konsequente Leichtbauweise und die Anwendung unkonventioneller Fertigungsmethoden. So trägt Colin Chapman wesentlich zur Weiterentwicklung der Grand-Prix-Rennwagen bei.

Ebenfalls 1957 überrascht Lotus das Publikum der Motor Show im Londoner Earls Court mit dem Prototyp eines rassig-elegant gestylten Sportwagens. Vom Aufbau her ist der „Elite" revolutionär: Er ist der erste Wagen mit selbsttragender Kunststoffkarosserie. Die Entwicklung dieses Wagens bis zur Serienreife muß jedoch noch warten: Die Firma ist zu knapp bei Kasse. Dies soll sich jedoch schon kurze Zeit später mit dem Erfolg des Mk6-Nachfolgers „Seven" ändern:

Unverblümt spartanisch: die Radaufhängung des Lotus Seven.

Der Lotus Seven

Der 1958 präsentierte Lotus Seven setzt dort an, wo der Mark 6 viele Jahre zuvor aufgehört hat: Der größtenteils aus Ford-Komponenten bestehende Wagen mit seiner auf einem „Spaceframe" aufgebauten Karosserie und den in Motorradmanier gestylten Kotflügeln weist große Ähnlichkeit mit dem erfolgreichen Ahnen auf. Viele der damaligen Käufer hatten den Wunsch nach einem nicht nur für's Rennen, sondern auch für die Straße geeigneten Fahrzeug geäußert, und so stellt die Marke hier ihren ersten „alltagstauglichen" Roadster vor. Als Serie 2 wird der Seven ab 1960 mit neuen Kotflügeln und einer als Op-

Lotus Elan Sprint (Originalprospekt).

tion erhältlichen Ford-„Sidevalve"-Maschine ausgestattet. Eine (relativ) luxuriöse Ausführung kommt unter der Bezeichnung „Super Seven" heraus.

Der Lotus Elan

Erinnern Sie sich noch an Emma Peel? Während Partner John Steed im bulligen Bentley zum Tatort fährt, flitzt die charmante Dame im winzig kleinen Sportwagen herbei. Echte Autofreaks sehen sich den berühmten Krimi „Mit Schirm, Charme und Melone" natürlich nur wegen dieses Wagens an! Äußerlich ist der im Oktober 1962 im Londoner Earls Court präsentierte Elan ein echter Zwerg, doch deswegen muß er den Vergleich mit den ganz Großen nicht scheuen: Twin-Cam-Vierzylindermotor mit zwei Doppelvergasern, als Sprint in der „Big-Valve"-Version 126 PS (aus nur 1,6 Litern Hubraum), von Null auf Hundert in nur sieben Sekunden, optimales Fahrwerk, Zentralträgerchassis, geringes, perfekt verteiltes Gewicht (720 kg)… Von solchen Daten kann manch anderer nur träumen! Produziert wird der als Bausatz oder komplett montiert angebotene kleine offene Flitzer im neuerrichteten Lotus-Werk in Norwich.

Der neue Elan

Ende der Achtziger Jahre will Lotus an den Erfolg des mittlerweile zum Klassiker avancierten Elan Sprint anknüpfen. In Deutschland ist der „Neue" nur in der Turboversion mit 167 PS und Katalysator erhältlich. Erstmals bietet die Marke einen Fronttriebler mit japanischem Motor an. Der Wagen ist serienmäßig mit Servolenkung, Alurädern, Stereo-

Schön, schnell und wendig: der kleine Elan ist heute ein gesuchtes Sammlerstück.

anlage und teilweiser Lederpolsterung, also höchst umfangreich, ausgestattet und hat gegenüber seinem Vorgänger noch an Funktionalität gewonnen. Leider ist jedoch im Cockpit viel „britischer Charme" verlorengegangen.

MASERATI

Maserati A6G 2000 GT Frua Spider von 1956 in origineller Zweifarbenlackierung. Die angedeutete Panoramascheibe ist ein typisches Stilelement der Fünfziger Jahre.

Kurze Firmenchronik

Carlo Maserati wird 1881 als erster Sohn des Lokomotivführers Rodolfo und seiner Frau Carolina geboren. Sechs weitere Söhne folgen, einer stirbt kurz nach der Geburt. Die Familie lebt in Voghera in der italienischen Provinz Pavia; hierher hatte die Eisenbahngesellschaft Rodolfo kurz nach seiner Hochzeit versetzt. Außer Mario, der sich der Malerei zuwendet, zeigen alle Brüder ein ausgeprägtes Interesse für die Technik. Carlos ganze Liebe gilt der Eisenbahn. Er träumt davon, in die Fußstapfen seines Vaters zu treten und auch einmal Lokführer zu werden. Doch dann hält das Automobil Einzug in Pavia: Als der begabte Italiener die ersten Exemplare der neuen Fahrzeuggattung entdeckt, faßt er den unumstößlichen Entschluß, selbst einen solchen Wagen zu bauen. Schon kurze Zeit später tritt er in den Dienst eines Fahrradherstellers im nahegelegenen Affori, der ihm ideale Bedingungen für sein ehrgeiziges Projekt bietet: Bereits 1897 sind Entwicklung und Bau eines ersten Einzylinder-Viertaktmotors abgeschlossen. Carlo montiert dieses Aggregat auf einen verstärkten Fahrradrahmen: Der erste „Maserati" ist fertig. Der Marquese Carcano di Anzano del Parco wird auf den talentierten jungen Mann aufmerksam und offeriert finanzielle Unterstützung. So werden die ersten Motorräder unter dem Namen „Carcano" vertrieben. Erste Erfolge im Rennen stellen sich schon bald ein, und so mangelt es nicht an Abnehmern für die leistungsstarken Zweiräder. Bei einem Rennen in Brescia macht Carlo Maserati die Bekanntschaft von Vincenzo Lancia, der damals noch Rennfahrer bei Fiat ist. Als ihm dieser von seiner Ar-

Maserati 3500 GTI von 1962. (Beide gezeigten Modelle stehen im Rosso-Bianco-Museum in Aschaffenburg, das über die größte Sportwagensammlung Europas verfügt.)

beit und den Zukunftsplänen der Turiner Firma berichtet, kündigt der damals Neunzehnjährige kurzerhand seine Partnerschaft mit dem Marquese auf und begibt sich nach Turin in der Hoffnung auf eine Stelle bei Fiat. Die Turiner Firma zeigt sich zwar interessiert, bietet Maserati jedoch keinen festen Arbeitsvertrag an – neben berühmten Rennfahrern wie Cagna, Lancia und Nazzaro hat der damals Neunzehnjährige kaum eine Chance. So tritt Carlo 1903 bei Isotta Fraschini als technischer Berater und Testfahrer ein. 1907 wechselt er zu Bianchi nach Mailand, bevor er schließlich den Geschäftsführerposten bei „Automobil Junior" übernimmt. Hier nimmt seine so junge Karriere ein jähes Ende: 1910 erliegt Carlo Maserati einer Krankheit.

Bindo und Alfieri Maserati arbeiten mittlerweile bei Carlos ehemaligem Arbeitgeber Isotta Fraschini. Als ihr jüngerer Bruder Ettore sechzehn Jahre alt ist, holen sie diesen ebenfalls nach Turin. In der Folgezeit beschäftigen sich die drei Maserati-Brüder ausgiebig mit Rennwagen. Alfieri und Ettore gehen für zwei Jahre nach Buenos Aires in das argentinische Isotta-Werk und anschliessend nach London. 1913 eröffnet Alfieri eine Werkstatt in Ponteveccio bei Bologna, wo er gemeinsam mit Ettore und dem jüngsten Maserati-Bruder Ernesto den Isotta-Kundendienst übernimmt. Der Krieg kommt und Alfieri, Bindo und Ettore werden ins Isotta-Werk berufen, wo sie vor allem mit der Entwicklung von Flugmotoren beauftragt werden. Parallel zu dieser Tätigkeit gründet Alfieri in Mailand eine Zündkerzenfabrik, die er nach Kriegsende nach Bologna übersiedelt. Das Unternehmen floriert, und so stehen den Maserati-Brüdern die notwendigen Mittel für

MASERATI

die Verwirklichung ihrer Rennwagenträume zur Verfügung. Alfieri nimmt einen Posten als technischer Berater und Rennwagenkonstrukteur bei der Società Anonima Autocostruzione Diatto an. Angesichts größerer finanzieller Schwierigkeiten sieht sich die Firma Diatto jedoch Ende 1925 gezwungen, ihre ehrgeizigen Grand-Prix-Pläne zu Grabe zu tragen. Alfieri Maserati aber hält seinen eigens für dieses Projekt konzipierten Achtzylinder-Kompressormotor für viel zu erfolgversprechend, um ihn ad acta zu legen. Zur Weiterentwicklung des Triebwerks für die nächste Rennsaison gründet er kurzerhand die „Officine Alfieri Maserati S.p.A.": Eine neue Marke entsteht. Gleich bei seinem Debüt auf der Targa Florio im April 1926 siegt der erste Maserati-Rennwagen souverän in seiner Klasse! Angesichts dieses Erfolgs beschliessen die Brüder, künftig komplette Rennfahrzeuge zu entwickeln und zu bauen. Unter dem vom Bologneser Neptunbrunnen inspirierten Dreizack-Emblem werden zunächst ausschließlich Rennwagen produziert. Die Finanzierung der Fabrik ist denn auch denkbar schwierig, denn die Maserati-Brüder sind auf wohlhabende Privatrennfahrer angewiesen, um zu überleben. So kommt ihnen der 1937 von Commendatore Adolfo Orsi angebotene Zehnjahresvertrag gerade recht: Der Maschinenfabrikant übernimmt Maserati, und zwar vor allem wegen des Zündkerzengeschäfts. Geschäftsführer wird Orsi-Sohn Omer. In der Rennabteilung haben die Gebrüder jedoch weiterhin völlig freie Hand. Im Frühjahr des darauffolgenden Jahres wird das Maserati-Werk nach Modena, in die Heimatstadt der Orsi, verlagert: Die neue Adresse befindet sich in unmittelbarer Nachbarschaft der Scuderia Ferrari. Auch unter Orsis Leitung konzentriert man sich auf Rennwagen. Es entstehen zwar verschiedene Entwürfe für straßentaugliche Fahrzeuge, doch diese werden nie verwirklicht. Erst nach dem Zweiten Weltkrieg werden – etwa ab 1947 – Kleinst-

3500 GTI-Interieur.

serien von GT-Fahrzeugen produziert (dreistellige Stückzahlen erreicht man nicht vor 1956). Vorbildliches Motordesign und ein ausgeklügeltes Fahrwerk zeugen von der langjährigen Rennerfahrung des Entwicklungsteams. Mit dem Auslaufen des Orsi-Vertrages kehren die Gebrüder 1947 dem von ihnen gegründeten Unternehmen den Rücken und eröffnen in Bologna die „Officine Specializzate Costruzioni Automobili" (kurz OSCA). Orsi beruft Ingenieur Massimo zum neuen Chefkonstrukteur. Den von ihm konzipierten Grand-Prix-Fahrzeugen verdankt die Marke zahlreiche Siege. Ernsthaftes Interesse an der Serienfertigung straßentauglicher Automobile bekundet das Unternehmen erst zehn Jahre später: Auf dem Genfer Salon im März 1957 wird der Prototyp eines Coupés mit DOHC-Sechszylindermotor präsentiert; in Turin folgt kurz darauf das serienreife Fahrzeug. Dieses bringt es auf stattliche 230 PS und eine für die damalige Zeit atemberaubende Geschwindigkeit von über 200 km/h. Damit ist der Einstieg geschafft. Nicht nur in Italien verkauft sich der „3500 GT" gut: Auch in den Vereinigten Staaten ist das Interesse groß. 1958 zieht sich Orsi aus dem Rennsport zurück und widmet sich künftig ganz der Produktion hochkarätiger Sportwagen. Mit dem 5000 GT, dem Quattroporte, dem Mistral, dem Sebring und dem Ghibli wird die Modellpalette fortgesetzt, bis Citroën 1969 für etwa eine Milliarde Lire (ca. 40 Millionen DM) die Aktienmehrheit bei Maserati übernimmt. Orsi senior und junior fungieren künftig nur noch als Ehrenpräsidenten, doch der langjährige Maserati-Mitarbeiter Giulio Alfieri bleibt weiterhin Chefingenieur. Unter seiner Leitung entsteht auf Wunsch der Franzosen ein kleiner, technisch ausgefeilter V6-Motor, der über Jahre hinweg in dem in Modena hergestellten Citroen SM und im Maserati Merak zum Einsatz kommt. Doch trotz steigender Stückzahlen gerät das Modenser Unternehmen Anfang der Siebziger Jahre in Schwierigkeiten: Die Ölkrise geht um. Citroën selbst kämpft mit finanziellen Problemen und kann Maserati nicht halten. Der Ruin droht. Da kommt der ehemalige Rennfahrer Alejandro De Tomaso als Retter in höchster Not. Im Verein mit der GEPI, einer staatlichen Auffangorganisation für konkursbedrohte Unternehmen, glückt die Sanierung. De Tomaso geht unverzüglich daran, die Modellpalette zu revidieren. Neben Sportwagen-Zweisitzern produziert Maserati künftig viersitzige „Understatement"-Fahrzeuge wie den Kylami und „Volks-Maseratis" wie den technisch ausgeklügelten und dennoch relativ erschwinglichen Biturbo. Mit dem Merak, dem Bora und dem Khamsin wird die Sportwagentradition fortgeführt.

1984 ändern sich erneut die Besitzverhältnisse in Modena. De Tomasos Freund Lee Iacocca und sein wiedererstarkter Chrysler-Konzern erwerben Teile der Maserati-Aktien. Ein Stufenplan zur vollständigen Übernahme bis 1996 wird vereinbart. Von der Zusammenarbeit versprechen sich beide Partner Positives: Die Modenser erhalten ausreichende Finanzmittel für die Produktion eines neuen Hochleistungs-Coupés (Typ 228), und die Detroiter können den berühmten Namen als Aushängeschild nutzen. Doch erst mit der jüngst vollzogenen 49prozentigen Übernahme durch Fiat kann die Zukunft Maseratis wirklich als gesichert gelten.

Offene Automobile im Zeichen des Neptun

Als ersten in Kleinserie gebauten „straßentauglichen" GT bringt Maserati 1946 den A6/1500 heraus. Im Nachkriegsitalien ist Benzin rar und qualitativ minderwertig; folglich sind hochgezüchtete Motoren wenig sinnvoll. Der A6/1500 ist mit nur 65 PS der schwächste jemals gebaute Maserati. Neben den geschlossenen Modellen entstehen zwischen 1946 und 1949 auch geringe Stückzahlen eines Farina-Spider.

Angesichts des Erfolgs des A6/1500 entschließt sich Maserati zur Produktion eines weiteren „Serienfahrzeugs": Der A6G/2000 feiert auf dem Pariser Salon von 1954 Premiere. In diesem Fall zeichnet Pietro Frua für die Cabriolet-Variante verantwortlich. Trotz eines deutlich verbesserten Handlings und einer von 65 auf 100 PS gesteigerten Leistung kann sich der A6G/2000 bei weitem nicht mit mit einem Ferrari V12 messen. Maserati muß sich anstrengen, um mit der Konkurrenz schritthalten zu können.

Der 3500 GT ist die gelungene Antwort auf diese Herausforderung. Er verdient wirklich die oftmals ungerechtfertigterweise verwendete Bezeichnung GT. Ein erster Prototyp des Wagens wird auf dem Genfer Salon im Frühjahr 1957 präsentiert, auf die ersten Auslieferungen müssen die Kunden jedoch noch etwa ein Jahr lang warten. Herzstück dieses ersten echten Traumwagens mit dem Dreizack-Emblem ist ein vom 350S-Rennmotor abgeleitetes 3485 ccm DOHC-Sechszylinderaggregat mit zunächst 220, später 235 PS. Zahlreiche Komponenten des 3500 GT werden nicht bei Maserati selbst hergestellt (Vierganggetriebe von ZF, Hinterachse von Salisbury, Bremsen von Girling, Vorderradaufhängung von Alford & Adler). Der Bau der offenen Variante wird bei der Turiner Karosserieschmiede Vignale in Auftrag gegeben: Das auf einem um etwa 5 cm verkürzen Chassis aufgebaute Cabriolet weist große Ähnlichkeit mit Pininfarinas Alfa Romeo Spider auf. Mit dem 3500 GT erreicht Maserati erstmals vierstellige Stückzahlen. Neben den „offiziellen" Maserati-Modellen liefern verschiedene namhafte Designer individuelle Sonderkarosserien.

Als letzter Vertreter der Maserati-Reihensechszylinder-Gattung kommt 1964 der Mistral heraus. Im Laufe der Produktionszeit (hauptsächlich 1964 bis 1968, einige Nachzügler folgen bis 1970) entstehen insgesamt 120 Spider mit Frua-Karosserie. Zur Leistungssteigerung wird der Motor von 3,5 zunächst auf 3,7, später auf 4,0 Liter aufgebohrt. Um Gewicht einzusparen, werden Türen und Hauben aus Leichtmetall eingesetzt.

1969 unterbreitet Maserati den Freunden des offenen Fahrvergnügens ein weiteres höchst gelungenes Angebot: Die von Ghias Chefdesigner Giugiaro entworfene Spider-Variante des Ghibli ist ein Bilderbuch-Cabrio mit voll versenkbarem Stoffverdeck und ohne störenden Überrollbügel. Im Winter läßt sich der Wagen mittels Hardtop in ein Coupé verwandeln. Ein Jahr später wird der ursprüngliche Motor (4709 ccm DOHC-V8, 330 PS) durch ein größeres und etwas stärkeres Aggregat (4930 ccm DOHC-V8, 335 PS) abgelöst. Diese Spider tragen den Zusatz „SS" in der Modellbezeichnung.

Mit dem Auslaufen der Ghibli-Produktion im Jahr 1973 macht auch die Marke mit dem Dreizack Cabrio-Pause, sieht man einmal von einigen wenigen unter dem Namen Maserati vertriebenen Chrysler-Convertibles ab. Nach einem durch finanzielle Schwierigkeiten bedingten dreijährigen Rückzug vom deutschen Markt warten die Italiener 1988 erneut mit einem Vollcabrio auf. Der „Spyder" – so heißt die offene Variante des Maserati Karif – bietet alles, was gut und teuer ist. Die Ausstattung ist vom Feinsten und die Technik ist auf dem neuesten Stand: Der mit zwei Turboladern ausgestattete V6-Motor mit drei Ventilen pro Zylinder sorgt für bemerkenswerte Leistungen. Für das gelungene Styling zeichnet Zagato verantwortlich.

MG

Kurze Firmenchronik

Cecil Kimber, der Leiter der Morris-Werkstatt im englischen Universitätsstädtchen Oxford, stellt im Jahr 1923 den ersten „MG" (wie Morris Garage) her. Schon bald gibt sich der Firmengründer nicht mehr mit Morris-Aggregaten zufrieden und baut eigene Motoren. Schließlich wird im Jahr 1929 ein Werk in Abingdon eröffnet. Die hier produzierten Sportwagen sind die einzigen in England, die sich mit der „kontinentalen" Konkurrenz vom Schlage Bugatti, Maserati und Alfa Romeo messen können. Seither ist der Name MG zum Inbegriff für rassige Sportwagen geworden; der kleine zweisitzige Midget wird zum Wunschtraum der Jugend.

Die Wiederaufnahme der MG-Produktion nach dem Zweiten Weltkrieg durch die Nuffield-Gruppe, zu der neben MG auch Morris, Wolsley und Riley gehören, erlebt Cecil Kimber leider nicht mehr. Er kommt im Februar 1945 im Alter von 57 Jahren bei einem Eisenbahnunglück ums Leben. In Abingdon konzentriert man sich inzwischen ganz auf den Bau des zweisitzigen TC Midget. Bereits 1946 wird eine Stückzahl von 1500 Einheiten erreicht, von denen etwa 500 devisenbringend in die Vereinigten Staaten exportiert werden. Bis 1949 werden über 10.000 TC's verkauft. Angesichts solch hervorragender Verkaufsergebnisse ist es nicht verwunderlich, daß die Firma auf den Bau eines Linkslenkermodells verzichtet.

Ab 1949 wird die Riley-Fertigung in das MG-Werk eingegliedert. Im gleichen Jahr entsteht eine neue, wesentlich verbesserte Midget-Version, der TD. Sehr zum Bedauern der Fans weist dieser jedoch nicht mehr die wunderschönen Speichenräder auf. Präsentiert wird der „Neue" im Jahr 1950. Auf Wunsch kann der Wagen jetzt auch als Linkslenker geordert werden.
1952 fusioniert die Nuffield Group mit der Austin Motor Company zur British Motor Corporation (BMC). Als BMC-Chef Leonhard Lord im selben Jahr den Austin-Healey 100 vorstellt, sieht sich die Marke also mit einer starken hauseigenen Konkurrenz konfrontiert. Der TD ist in die Jahre gekommen, und ein Nachfolger tut not, doch der von Sidney Enever entwickelte Sportwagen-Prototyp findet nicht die Zustimmung der BMC-Verantwortlichen. Ein deutlicher Einbruch bei den Verkaufszahlen ist die unausbleibliche Folge. Um weiter auf dem Markt bestehen zu können, präsentiert MG auf dem Londoner Salon im Herbst 1953 den TF, eine nochmalige Midget-Neuauflage mit abgeschrägtem Heck, geneigtem Kühlergrill und teilweise in die Kotflügel integrierten Scheinwerfern. Auf Wunsch ist dieser Wagen wieder mit Speichenrädern erhältlich. Ab November 1954 wird der TF mit 1,5-Liter-Maschine ausgeliefert. Diese 135 km/h schnelle Version bringt der Marke zahlreiche motorsportliche Erfolge ein.

Der MG A

1955 erlebt Sidney Enevers Sportwagen doch noch seine große Stunde. Enever ist inzwischen zum MG-Chefkonstrukteur avanciert. Er entwickelt den 1951 ad acta gelegten Prototyp weiter, so daß dieser 1955 in Serie gehen kann. Als Antriebsaggregat dient der

Paradebeispiel eines englischen Roadsters: der MG A (Rosso-Bianco-Museum)

BMC-Motor Typ B (dieser wird auch für den Austin A50 Cambridge, den Morris Oxford und den MG Magnette eingesetzt). Der Name MG A läßt erkennen, daß es sich hier um den ersten Vertreter einer völlig neuen Fahrzeuggeneration handelt. Im Gegensatz zu den früheren kantigen Aufbauten sind die Linien des neuen MG elegant geschwungen. Die kastenförmigen Längsträger des A-Chassis sind in der Mitte nach außen gebogen, so daß ein geräumiges, tiefliegendes Cockpit Platz findet. Querträger dienen zur Versteifung des Rahmens. In den USA kann die Marke mit ihrem „A" einen beachtlichen Aufschwung verzeichnen. Der Roadster wird mit Verdeck und seitlichen Einsteckfenstern ausgeliefert. Nach erfolgreichem Renneinsatz verschiedener Modelle mit DOHC-Motor kommt im Juli 1958 der MG A Twin Cam heraus. Mit einer Leistung von knapp 110 PS und einer Spitzengeschwindigkeit von 180 km/h ist dieser Wagen im Rennen so gut wie unschlagbar. Ein Jahr später folgt eine neue Twin Cam Version mit einem von 1489 auf 1589 ccm vergrößerten Hubraum. Neu sind auch die Scheibenbremsen an den Vorderrädern. Die Testfahrer der Autozeitschrift „Autocar" loben: „Das MG-Motto ‚Safety Fast' (zu deutsch „schnell und sicher") trifft für dieses Modell ganz besonders zu". Als Mark II erhält der Wagen 1961 nochmals ein Facelifting (neue Rücklichter, anderer Kühlergrill), bevor er schließlich Ende 1962 durch den MG B abgelöst wird.

Der MG B

In punkto Produktionszahlen ist der MG B Rekordhalter der britischen Marke: Innerhalb der achtzehnjährigen (!) Bauzeit werden fast eine halbe Million Einheiten dieses Wagens abgesetzt! Technisch gesehen ist der „B" nicht so revolutionär wie sein Vorgänger. Neu ist jedoch die moderne selbsttragende Karosserie, die dem Roadster erheblich mehr Steifigkeit verleiht. Die Linienführung ist immer noch elegant, wenn auch schlichter und nicht mehr so stark geschwungen wie beim „A". Im Laufe der Jahre werden Fahrzeug und Motor immer wieder verbessert, so daß der MG B gegenüber anderen, vergleichbaren Sportwagen stets konkurrenzfähig bleibt. Kurz vor der Produktionseinstellung im Jahre 1980 bringt die Marke noch eine auf 1.000 Einheiten limitierte „Abschiedsserie" des Erfolgsmodells heraus.

*Oben:
Weitgereist: MG B vor der Silhouette der historischen Altstadt von Istanbul.*

*Rechts:
Neuauflage des Austin-Healey Sprite: der MG Midget.*

Der Midget

Der Name „Midget" erlebt 1961 ein Comeback. Neben MG gehört auch Austin-Healey zur BMC-Gruppe und deren Original-Sprite wird in Abingdon gefertigt. Angesichts der hervorragenden Verkaufszahlen, die das „Froschauge" vor allem in den Vereinigten Staaten erzielt, entschließt sich das BMC-Management zu einer Neuauflage des Wagens mit modernerer Karosserie unter dem Namen „Midget". Bis 1971 werden der „Sprite" und der „Midget" parallel zueinander als beinahe identische Fahrzeuge gebaut. Zur Differenzierung dienen lediglich die unterschiedlichen Embleme und Zierelemente. Danach wird bis 1979 nur noch der Midget produziert.

MORGAN

Morgan, das ist der englische Roadster schlechthin. Eine feinsäuberliche Trennung von Firmengeschichte und Roadstertradition erscheint nicht sinnvoll. Eher bietet sich eine Unterscheidung nach drei- und vierrädrigen Fahrzeugen an:

Mit Dreirädern fängt alles an

H.F.S. Morgan wird im Jahr 1881 im englischen Hereford als Sohn des ehrenwerten Reverend H.G. Morgan geboren. Nach Abschluß seiner Ausbildung am Marlborough und Crystal Palace Engineering College tritt er als Achtzehnjähriger eine Lehre bei W. Dean, dem Chefingenieur der Great Western Railway in Swindon, an. Während seiner Tätigkeit als technischer Zeichner im Swindoner Konstruktionsbüro denkt H.F.S. jedoch nicht nur an Lokomotiven. Das Automobil hat es ihm angetan. Seine erste Fahrt endet jedoch mit einem Fiasko: Mit einem von Mr. Marriot, dem örtlichen Automobilhändler, geliehenen 3 1/2-PS-Benz macht er auf einer steilen Gefällstrecke zwischen Bromyard und Hereford „Bruchlandung": Die Reparatur kostet den ehrenwerten Reverend 28 Pfund! Doch H.J.S. läßt sich durch dieses Erlebnis keineswegs von seiner Leidenschaft abbringen. Eisern spart er auf einen eigenen Wagen. Drei Jahre später ist es soweit. Er erwirbt einen Eagle Tandem, ein Dreirad mit wassergekühltem 8 PS DeDion-Motor. Dieser Wagen und ein 7 PS-Zweizylindermodell namens „Little Star" inspirieren den jungen Engländer zum Bau eines eigenen motorisierten Dreirads.

1906 kehrt der inzwischen fünfundzwanzigjährige H.F.S. dem Zeichenbrett bei der Great

Western Railway den Rücken und eröffnet in Malvern Link eine eigene Werkstatt. Um das für die Verwirklichung seiner Dreiradpläne erforderliche Geld zu verdienen, richtet er einen höchst erfolgreichen Busdienst zwischen Malvern Link und den nahegelegenen Heilquellen, später auch zwischen Malvern und Gloucester, ein. Parallel dazu übernimmt er die örtliche Wolseley- und Darraq-Vertretung. Etwa um diese Zeit erwirbt H.F.S. einen Peugeot-Zweizylindermotor, den er auf einen dreirädrigen Rohrrahmen montiert: 1909 ist der „Morgan Runabout" fertig. Der Wagen ist extrem leicht und leistungsstark und weist eine für die damalige Zeit höchst ungewöhnliche Besonderheit auf: vordere Einzelradaufhängung! H.F.S. Morgan hatte eigentlich nicht beabsichtigt, sein Dreirad zu vermarkten, doch angesichts der bewundernden Kommentare all derer, die den Wagen zu Gesicht bekommen, besinnt er sich eines besseren. Mit finanzieller Unterstützung seines Vaters errichtet er einen Anbau an seiner Werkstatt in Malvern und schafft die notwendigen Maschinen an. 1910 kann die Fertigung beginnen. Im gleichen Jahr hat das inzwischen patentierte Morgan-Dreirad auf der Automobilausstellung im Londoner Olympia Premiere. Für den einsitzigen Wagen, den es wahlweise mit 4 PS Einzylinder- und 8 PS Zweizylindermotor gibt, gehen dreißig Bestellungen ein. Auf dem alljährlich auf der Strecke London-Exeter-London stattfindenden Zuverlässigkeitswettbewerb gewinnt

Nachfolgende Doppelseite:
Das Morgan-Design stammt im Prinzip noch aus der Vorkriegszeit. 1955 wird der glattflächige Kühlergrill jedoch durch einen moderneren gewölbten ersetzt.

43

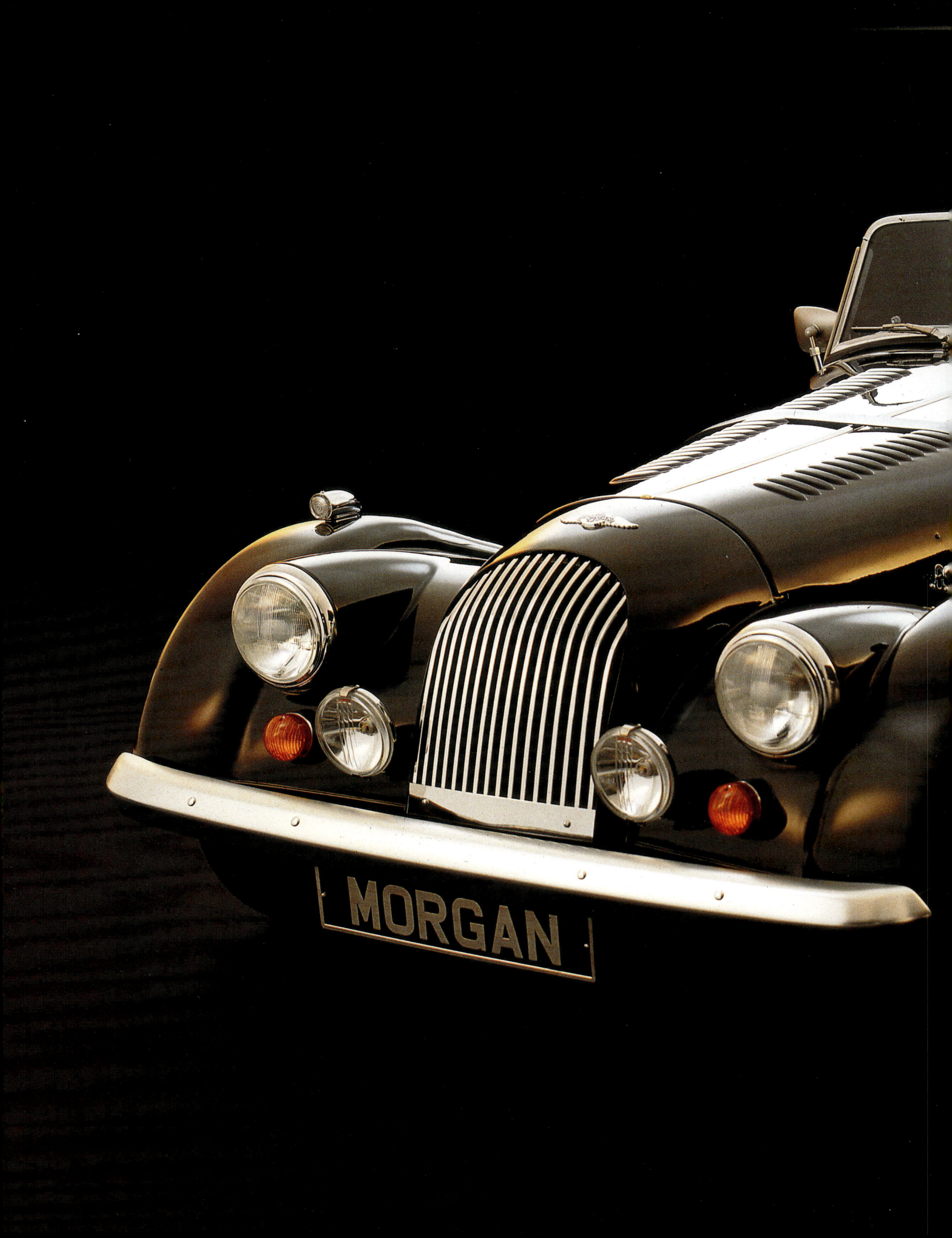
MORGAN

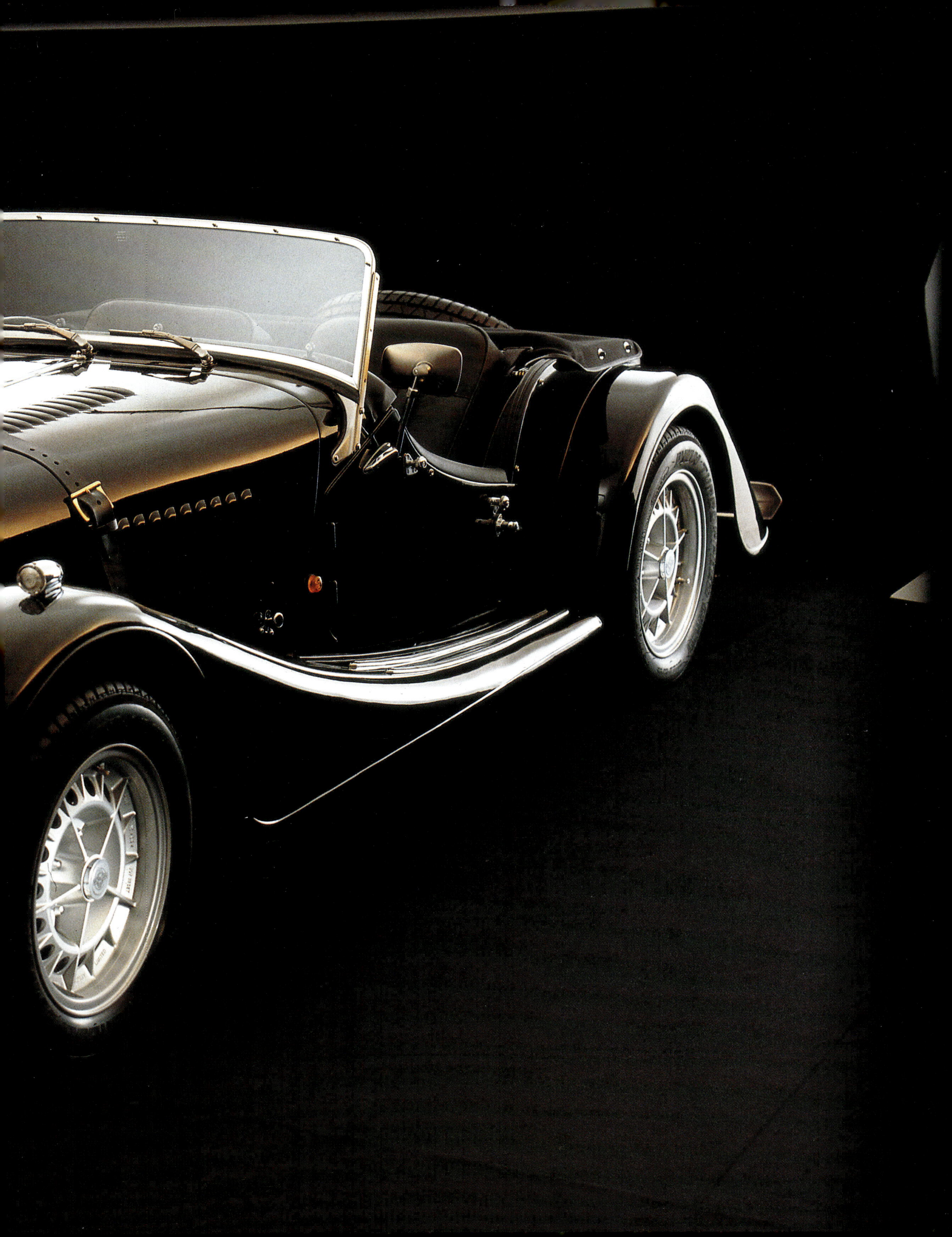

Oben: Morgan-Armaturenbrett: Für perfekte Verarbeitung sorgt Schreinermeister Graham Hall (rechts).

H.F.S. mit diesem Wagen die Goldmedaille. Ein Jahr später wird im Londoner Olympia eine zweisitzige Version mit 8 PS Motor präsentiert. Die enorme Nachfrage übersteigt die Produktionskapazitäten in Malvern Link bei weitem, und so sieht sich Morgan nach einem geeigneten Hersteller um. Doch da sich keines der angesprochenen Großunternehmen für das Projekt interessiert, muß H.F.S. schließlich doch zur Selbsthilfe schreiten. Mit den als Anzahlungen auf Bestellungen eingehenden Geldern baut er nochmals an und erwirbt weitere Maschinen. 1912 wird die Morgan Motor Co. Ltd. mit Reverend H.G. Morgan als Direktor und seinem Sohn als Geschäftsführer ins Handelsregister eingetragen. Im gleichen Jahr macht die Marke erstmals im Motorsport von sich Reden: Beim „International Cyclecar Race" siegt ein Morgan-Dreirad mit Harry Martin am Steuer mit großem Abstand. Die Schwester H.F.S Morgans, Dorothy, nimmt als Rennfahrerin an vielen Wettbewerben teil und bringt der Marke zahlreiche Siegestrophäen ein. 1913 gewinnt ein Morgan-Dreirad mit McMinnies am Steuer sogar beim internationalen Grand Prix von Amiens gegen die übermächtige vierrädrige Konkurrenz vom Kontinent. Mit dem Jahr 1914 kommt der Krieg. Neben Fahrzeugen werden Güter für den Rüstungsbedarf produziert. Im gleichen Jahr erteilt der britische Automobilclub der Marke eine herbe Abfuhr: Morgans Meldung für eine Teilnahme an dem vom R.A.C. ausgerichteten „Lightcar und Cyclecar Trial" wird abgewiesen. Begründung: Nur vierrädrige Fahrzeuge sind zugelassen. Diese Schmach kann man in Malvern Link nicht auf sich sitzen lassen! Schon kurze Zeit später entsteht ein erster vierrädriger Wagen mit Dorman-Vierzylindermotor. Ins Produktionsprogramm wird dieser jedoch erst 22 Jahre später aufgenommen. Nach dem Krieg besteht großer Bedarf an preiswerten Transportmitteln und die Morgan-Dreiräder (inzwischen gibt es auch einen viersitzigen „Family Runabout") erweisen sich als echter Verkaufsschlager. Die Stückzahl erreicht 50 Einheiten pro Woche. Angesichts des Erfolges bleibt das Design über Jahre hinweg so gut wie unverändert erhalten. Elektrische Scheinwerfer und Starter sowie Vorderradbremsen sind die wichtigsten Neuerungen.

Der Morgan 4/4

1936 gönnt die Marke einem ihrer Fahrzeuge schließlich doch den Luxus eines zusätzlichen Rades: Auf den Automobilausstellungen in London und Paris wird der Morgan 4/4 vorgestellt (die eine vier steht für die Zylinderzahl, die andere gibt die Anzahl der Räder an). Ein Viersitzermodell mit einer geschlossenen und einer offenen Variante folgen kurze Zeit später. Parallel zu den vierrädrigen Modellen bleibt die Marke noch über Jahre hinweg ihren beliebten Dreirädern treu. Die Produktion dieser Fahrzeuge wird erst 1950 eingestellt.

1937 stirbt Reverend Morgan und H.F.S. übernimmt an seiner Stelle den Direktionsposten. Ab 1938 erhält der „Vierrad-Morgan" ein eigens für die Marke bei der Standard Motor Co. produziertes Antriebsaggregat. Experimente mit einem Ford V8-Motor und einem Standard-Aggregat mit Arnott-Kompressor werden durchgeführt, müssen jedoch wegen des Krieges eingestellt werden. Die Automobilfertigung muß fast vollständig der Produktion von Rüstungsgütern weichen.

Nach dem Krieg kommt als erstes wieder der Morgan 4/4 mit Standard-Maschine heraus. Der junge P.H.G. Morgan tritt nach seiner Entlassung aus dem Militärdienst 1947 als Entwicklungsingenieur und Konstrukteur in

Moderne Blechpressen sucht man in Malvern Link vergeblich.

das Unternehmen ein. Angesichts der notorischen Devisenknappheit des Landes in den schwierigen Jahren nach dem Krieg koppelt die britische Regierung die Stahlzuteilung direkt an die Exportaufträge eines Unternehmens. Morgan sieht dies als Herausforderung und etabliert Generalvertretungen in den USA, Kanada, Südamerika, Australien, Südafrika und im europäischen Ausland. Der 4/4 erfreut sich auf den neu erschlossenen Märkten reger Nachfrage. Ab 1949 beschränkt sich Standard im Rahmen einer neuen Unternehmensstrategie ausschließlich auf die Herstellung von Vanguard-Motoren, und so wird das alte Standard-Aggregat durch eine Vanguard 1,8-Liter-Maschine ersetzt.

Der Plus 4

1950 präsentiert Morgan den Plus 4. Um die für den voluminöseren Motor (2088 ccm Vanguard-Aggregat mit 68 Brutto-PS) notwendige Tragkraft zu erreichen, mußte das Fahrgestell verstärkt werden. Eine modifizierte Vorderradaufhängung gibt den Rädern mehr Bewegungsspielraum. Das solide Moss-Vierganggetriebe und die hydraulische Girling-Bremsanlage sind ebenfalls neu. Drei Modellvarianten werden angeboten: ein offener Zweisitzer, ein Viersitzer und ein Drophead Coupé. Dank eines extrem hohen Leistungsgewichts und einer außergewöhnlichen Straßenlage erweist sich dieser Wagen auf den internationalen Rennpisten als unschlagbar. Auch bei der Kundschaft findet er großen Anklang. 1954 ist Modellpflege angesagt. Ein Jahr später wird der stärkere Triumph TR2-Motor (90 Brutto-PS) eingebaut.

1955 folgt eine zweite Serie des 4/4. Äußerlich unterscheidet sich dieser Wagen kaum vom Plus 4. Herzstück ist diesmal ein zuverlässiges Ford-Aggregat. Der schnittige, leistungsstarke und dennoch preisgünstige Wagen ist gerade das richtige für weniger gutbetuchte „Morganeers". Im Laufe der Zeit experimentiert die Marke mit unterschiedlichen Motoren verschiedener Hersteller, bis man sich Ende 1962 in der Serie V schließlich wiederum für ein Ford-Aggregat entscheidet. Der Hubraum wird 1968 von 1500 ccm auf 1600 ccm erweitert. Parallel zur Ford-Maschine kann ab 1982 wahlweise auch ein 1600 ccm DOHC-Fiat-Motor geordert werden. Ohne größere Änderungen wird dieser

Anstelle eines Kofferraums gibt es einen Gepäckträger über dem Reserverad am Heck.

MORGAN

Morgan – die Inkarnation des Roadster-Gedankens.

Wagen bis heute in einer zwei- und einer viersitzigen Ausführung angeboten.

Der Plus 8

Mitte der Sechziger Jahre macht sich Morgan auf die Suche nach einem geeigneten Nachfolger für das betagte Triumph TR-Aggregat des Plus 4. Die Wahl fällt auf den von Rover angebotenen V8-Motor mit Aluminiumblock. Bei Morgan geht man unverzüglich an die Entwicklung des „Plus 8", doch obwohl der Wagen Ende 1967 so gut wie produktionsreif ist, kann er aufgrund von Lieferschwierigkeiten bei Rover erst 1968 auf der Motor Show im Londoner Earls Court vorgestellt werden. Die Markteinführung in den Vereinigten Staaten verzögert sich zusätzlich durch die hier aufgrund der strikten Abgas- und Sicherheitsnormen vorgeschriebenen umfangreichem Abnahmetests. 1969 geht der Morgan Plus 8

Four/Four im Renneinsatz.

in Produktion und wird seither, sieht man von laufenden technischen Verbesserungen ab, in beinahe unveränderter Form gebaut. Nach wie vor basiert der Wagen auf einem aus 72 Teilen zusammengesetzen Eschenholzchassis. Und nach wie vor sprechen lange Lieferzeiten für die Beliebtheit dieses Wagens.

Morgan-Fahrer sind Individualisten. Sie lieben ihr Fahrzeug mit ganzer Seele und nehmen dafür gern bei Fahrten über unebenes Terrain ein paar blaue Flecken an der Sitzfläche in Kauf. Die beinharte Federung überträgt skrupellos alle „Straßeneindrücke". Ein Morgan ist eben nichts für Zimperliche! Dafür fährt man in dem Bewußtsein, in einem echten Einzelstück zu sitzen. In Malvern Link trägt bereits der am rohen Chassis angebrachte Laufzettel den Namen des zukünftigen Besitzers, denn man fertigt ausschließlich auf Bestellung und natürlich in traditioneller Handarbeit.

TRIUMPH

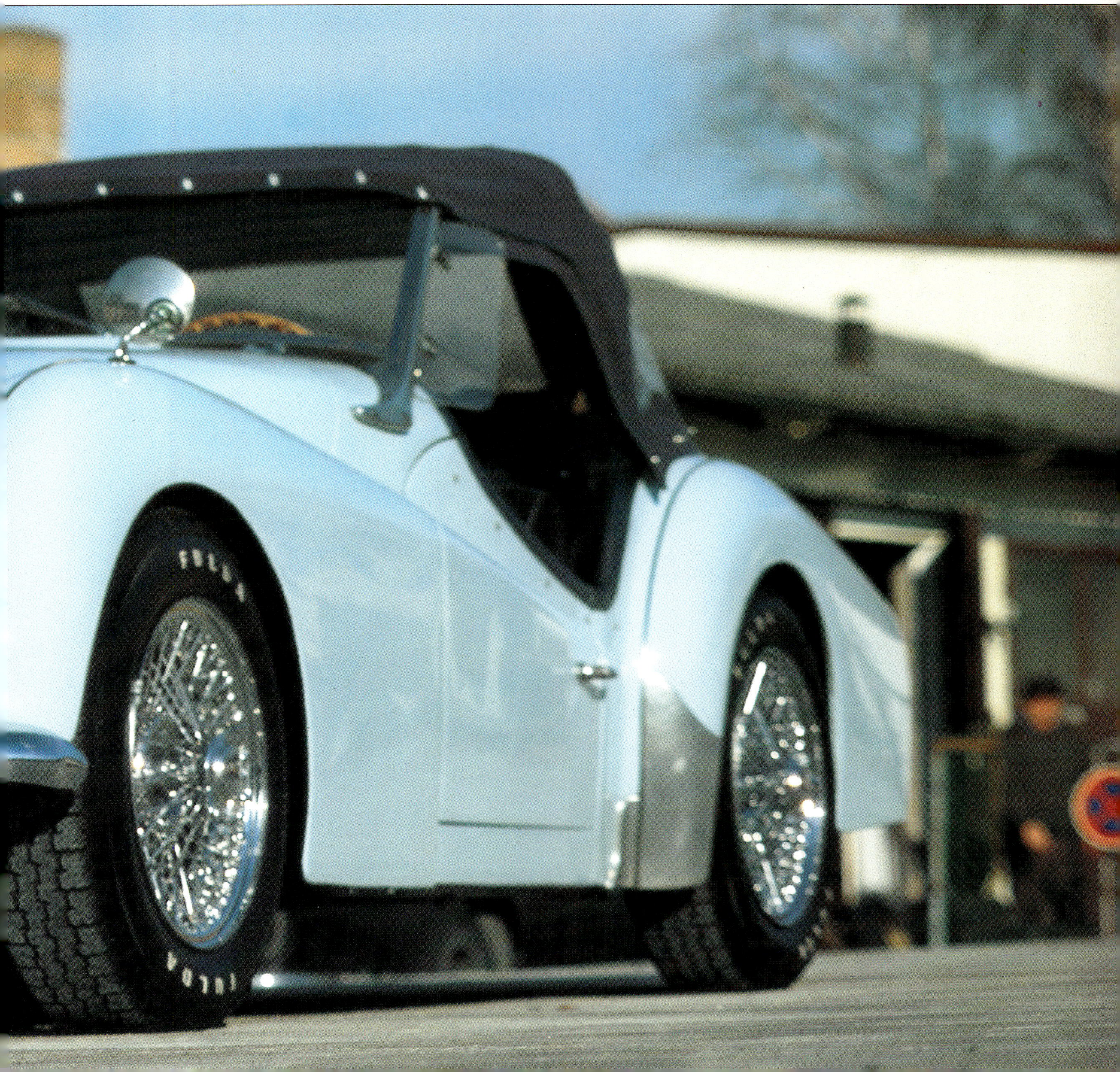

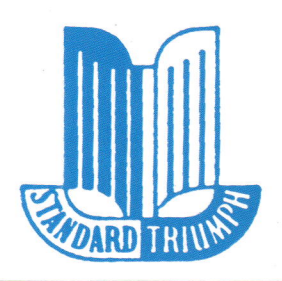

TRIUMPH

Kurze Firmenchronik

Ganz zu Anfang fertigt die 1901 im englischen Coventry gegründete Firma Triumph Tretautos und Motorräder. Die Produktion richtiger Automobile läuft erst im Jahr 1923 an. Schnell erwirbt sich das Unternehmen mit seinen Mittelklasse-Sportwagen einen hervorragenden Ruf. Doch der wirtschaftliche Erfolg ist nicht von Bestand. Während der Depressionsjahre gerät Triumph in ernsthafte finanzielle Schwierigkeiten und muß den Konkursverwalter bestellen.

Daß der Markenname nach Ende des Zweiten Weltkrieges nicht in Vergessenheit gerät, verdanken wir der Standard Motor Company. Sie übernimmt die alten Fabrikanlagen und bringt bereits 1946 erste neue Modelle heraus: Den 1800 gibt es als „typisch englische" Limousine und als ausnehmend originellen, wohlproportionierten Roadster. Unter dem zweiteiligen Kofferraumdeckel verbergen sich bei diesem Zweisitzer noch die damals weitverbreiteten „Schwiegermuttersitze". Hinter dem als eine Art zweite Windschutzscheibe dienenden Deckelvorderteil sitzt die alte Dame auf dem Notsitz sogar einigermaßen zugfrei! 1949 präsentiert Firmenchef John Black mit dem Triumph Mayflower (einer Limousine, die angesichts ihrer Knife-Edge-Karosserie als „kleinster jemals gebauter Rolls-Royce" in die Automobilgeschichte eingeht) erstmals einen Wagen mit selbsttragender Karosserie. Von diesem Modell wird auch eine Kleinserie von Cabriolets aufgelegt.

Ein Jahr später wird auf dem Londoner Automobilsalon der Prototyp eines neuen Sportroadsters präsentiert. Das stromlinienförmige Styling ist jedoch etwas zu futuristisch ausgefallen, und so bleibt dem Wagen der Erfolg versagt. Folglich sieht der Modellkatalog für einige Zeit keinen einzigen Roadster vor, und dies zu einer Zeit in der die Konkurrenz mit ihren offenen Sportwagen äußerst erfolgreich ist. Für Sir John ist dies eine untragbare Situation. Um Abhilfe zu schaffen versucht er, die Firma Morgan aufzukaufen. Doch die Übernahmeverhandlungen scheitern, und so muß er doch im eigenen Haus nach einer Lösung suchen. 1952 ist es so weit. Im Londo-

Typisch TR2: das offene Maul.

*Vorstehende Doppelseite:
Triumph TR3 – nichts für Zimperliche!*

*Links:
Spartanisches TR2-Interieur.*

Geschwungene Linien, tiefe Türausschnitte, seitliche Steckscheiben: genau so stellt man sich einen Roadster vor.

ner Earls Court wird das erste Exemplar einer völlig neuen Roadster-Generation präsentiert. Mit der TR-Serie kann sich die Marke deutlich von der Standard-Muttergesellschaft abgrenzen und sich als eigenständiger Sportwagenhersteller profilieren.

*Unten:
Typisch TR3: Eggcrate-Kühlergrill.*

Die TR-Generation

Der auf der Motor Show im Oktober 1952 in einer Prototypversion vorgestellte 20TS oder TR1 weist noch eine ganze Reihe von Kinderkrankheiten auf, denn Standard-Triumph kann auf keine nennenswerten Erfahrungen im Bereich des Sportwagenbaus zurückgreifen. Die Federung ist zu weich (das Fahrgestell wurde weitgehend von der Mayflower-Limousine der Dreißiger Jahre übernommen), das Fahrverhalten läßt zu wünschen übrig und der Motor ist zu keinen atemberaubenden Leistungen fähig. Auch rein äußerlich gibt es Kritikpunkte. Zwar ist die Fronpartie höchst ansprechend ausgefallen, doch das Heck mit dem aufgesetzten Reserverad ist alles andere als gelungen. Die Konstrukteure in Coventry haben also einen arbeitsreichen Winter vor sich. Im Frühjahr 1953 wird unter der Bezeichnung TR2 eine komplett überarbeitete Version präsentiert. Mit einem völlig neuen Fahrwerk, einem anders gestylten Heck und einem wesentlich leistungsstärkeren Motor mit naß eingesetzten Laufbüchsen (91 PS) hat sich der Wagen deutlich zu seinen Gunsten verändert. Erste sportliche Erfolge lassen nicht auf sich warten. Bereits im Mai 1953 erreicht ein TR2 (dieser ist mit dem gegen Aufpreis lieferbaren Laycock-Normanville-Schnellgang ausgestattet) auf der Strecke Ostende-Jabecke in Belgien Tempo 200 km/h! Mit dieser beachtlichen Leistung beginnt die lange und von vielen Siegen gekrönte TR-Motorsportkarriere. Dank des so erworbenen Renommées zieht Triumph auf dem amerikanischen Markt schon nach kurzem mit den anderen britischen Sportwagenherstellern gleich. Angesichts solcher Erfolge stellt die Marke 1955 die Limousinenproduktion ein und konzentriert sich ganz auf den Bau eines einzigen Modells.

Im Herbst desselben Jahres kommt zunächst parallel zum TR2 das Nachfolgemodell TR3 heraus. Deutlichstes Unterscheidungsmerkmal ist die Frontpartie: Vor dem ehemals „offenen Maul" des TR2 sitzt ein verchromter und mit diversen Emblemen verzierter Kühlergrill. Auch die zwei (wirklich nur im Extremfall als tauglich zu bezeichnenden) Not-

TRIUMPH

*Links:
Drahtspeichenräder: für echte Fans ein Must!*

sitze sind neu. Unter der Haube sorgen grössere SU-Vergaser für ein Leistungsplus von 5 PS (Drei Jahre später legt das Aggregat dank „High-Port"-Technik nochmals um 5 PS zu, so daß die Leistung stattliche 101 PS erreicht). Die zusätzlichen Pferdestärken wirken sich nachteilig auf den Spritverbrauch aus, doch dies kümmert die Kundschaft wenig: Angesichts niedriger Benzinpreise ist Energieeinsparung noch kein Thema. Im Herbst 1956 wartet die Marke mit einer besonderen Neuerung auf: Der TR3 ist der erste britische Serienwagen seiner Klasse mit Scheibenbremsen an den Vorderrädern. Endlich stehen Motor- und Bremsleistung in einem gesunden Verhältnis zueinander, und dieser Umstand wirkt sich deutlich auf die Verkaufszahlen aus: Werden im Kalenderjahr 1956 noch 4726 Einheiten exportiert, so sind es ein Jahr später bereits 10.151. Tendenz: steigend. Für den TR3 bietet Triumph als besondere Option einen sogenannten „GT Kit" an: Dieser umfaßt neben einem Hardtop auch einen Satz anderer Türgriffe – so bestückt entspricht der Wagen der Rallye-Spezifikation für GT-Fahrzeuge. Bereits zwei Jahre nach seiner Präsentation wird der TR3 abgelöst. Da die Entwicklungsarbeiten für den „echten" Nachfolger jedoch noch nicht abgeschlossen sind, präsentiert die Marke mit dem TR3A zunächst eine überarbeitete Neuauflage des alten Modells heraus. Das „A" in der Modellbezeichnung ist übrigens keine Erfindung der Firma Triumph. Der Buchstabe wird weder in den Herstellungsunterlagen noch in der Modellbezeichnung erwähnt. Trotz allem ist der „Neue" anders: Auffälligstes Unterscheidungsmerkmal ist das im Gegensatz zu den 55/56er Modellen wesentlich verbreiterte Maul. Auch das Scheinwerferdesign ist neu. Abgesehen von einem ab 1959 als Option erhältlichen größeren Motor (2138 ccm) halten sich die mechanischen Veränderungen jedoch in Grenzen. Der TR3 kommt in die Jahre, und die Verkaufszahlen gehen zurück. Der TR4

*Links:
Übersichtlich: TR3-Armaturenbrett.*

Rechts: Blick unter die TR3-Haube: das Vierzylinderaggregat ist robust und zuverlässig.

Rechts: TR3-Cockpit: gegenüber dem TR2 so gut wie unverändert.

Im Innenraum setzten die Engländer ganz auf Tradition: so ähnlich wie im TR6 sah es schon im TR4 aus.

aber ist immer noch nicht fertig, und die Finanzlage des Unternehmens ist alles andere als rosig. So entschließt man sich 1960 kurzfristig noch einmal zu einem Facelifting, um stärkere Einbrüche auf dem US-Markt zu vermeiden. Der ausschließlich dem amerikanischen Markt vorbehaltene TR3B wird jedoch nicht in Coventry (dort konzentriert man sich bereits voll auf den TR4), sondern im Zweigwerk Birmingham produziert.

Triumph tut sich nicht ganz leicht, einen würdigen TR3-Nachfolger zu finden. Die hauseigenen Stylisten legen zahlreiche Entwürfe vor, von denen keiner so recht gefällt. Schließlich sucht man fachkundigen Beistand bei dem italienischen Designer Michelotti. Ende der Fünfziger Jahre entstehen zahlreiche Entwürfe, von denen einige bis zum Prototypstadium entwickelt werden. Einer dieser Wagen, der „Italia", wird sogar bei Vignale in geringen Stückzahlen produziert. Der endgültige Entwurf für den TR4 datiert aus dem Jahr 1960. Das Styling des neuen Roadsters ist viel kantiger – und damit viel moderner – als beim Vorgängermodell. Dieser Eindruck wird durch die durchgehenden Stoßfänger und den breiteren Kühlergrill noch verstärkt. Auch unter der Karosserie hat sich allerhand verändert: Das Fahrwerk wurde umfangreich überarbeitet, eine neue Zahnstangenlenkung vorgesehen und ein vollsynchronisiertes Getriebe eingebaut. Herzstück ist ein 2138 ccm-Motor, der bereits in manchen TR3s zur Anwendung gekommen war.

1961 wird Standard-Triumph in das British Leyland Imperium eingegliedert. Ein Jahr später bietet die Marke parallel als Alternative zum TR4 und anderen leistungsstarken Sportwagen wie dem Healey 3000 erstmals auch einen kleinen Sportwagen zum „Sparpreis" an: den Spitfire. Dieser ist genau das richtige für weniger gutbetuchte Roadsterfans und wird für die Marke zum echten Erfolgsschlager. 18 Jahre lang kann sich der vom berühmten Triumph Herald abgeleitete Spitfire im Programm halten, und er erreicht größere Stückzahlen als die Rivalen Austin-Healey Sprite und MG Midget zusammengenommen. Ebenso wie diese braucht auch der Spitfire eine gewisse Reifezeit: Zwar stimmt das Grundkonzept von Anfang an, und die ersten beiden Modelle (Mark 1 und 2) finden beim Publikum begeisterten Anklang, doch die spätere Variante (Mark 3) ist eindeutig ausgewogener und ausgereifter. Mit dem Mark IV (nicht „4"!) präsentiert Triumph schließlich nochmals ein komplett überarbeitetes Fahrzeug. Die US-Variante muß – sehr zum Leidwesen der Fans – mit wuchtigen Stoßfängern

Nachfolgende Doppelseite:
TR6 – der letzte Vertreter der klassischen Roadstergattung. Mit der Linienführung trifft Karmann ins Schwarze!

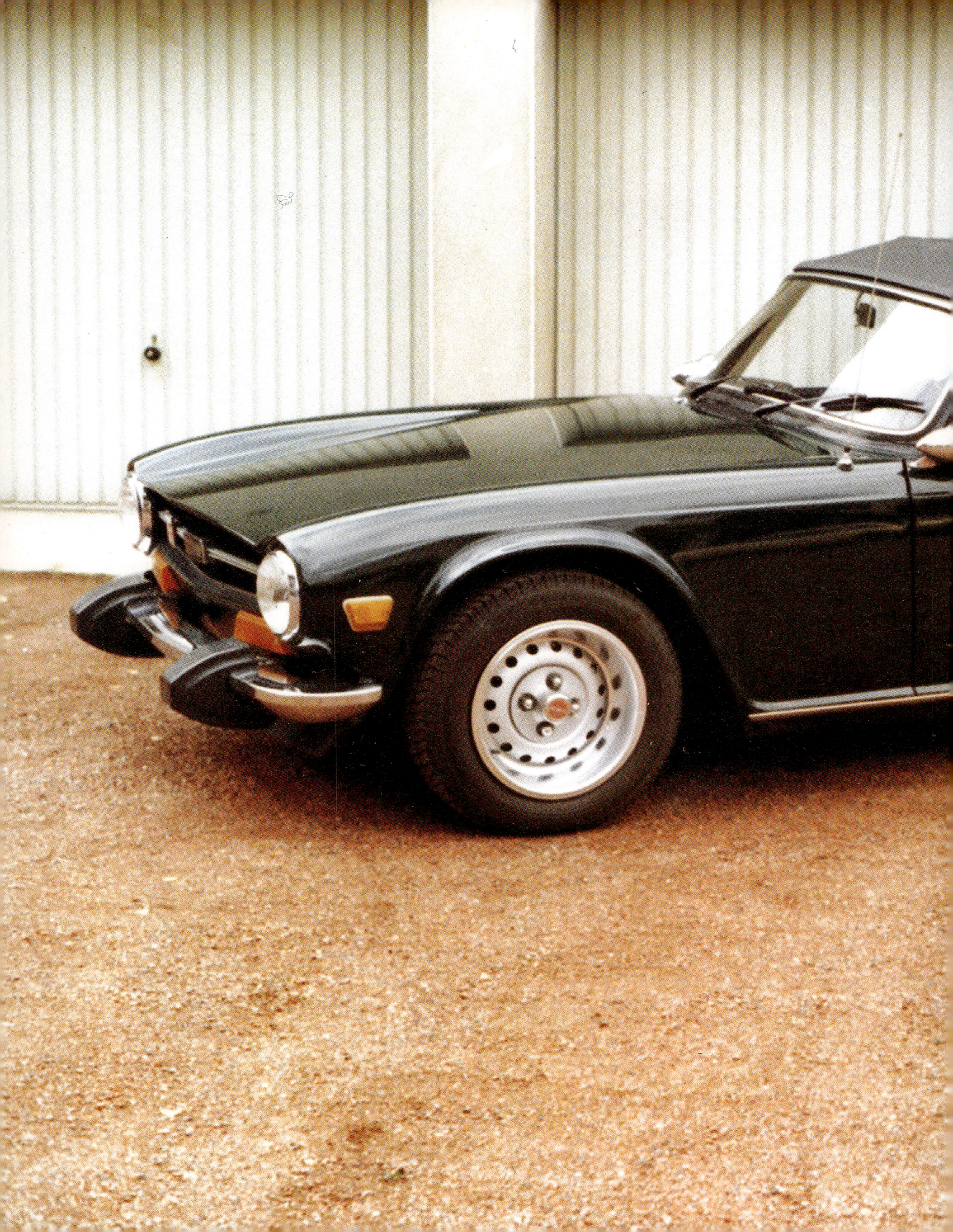

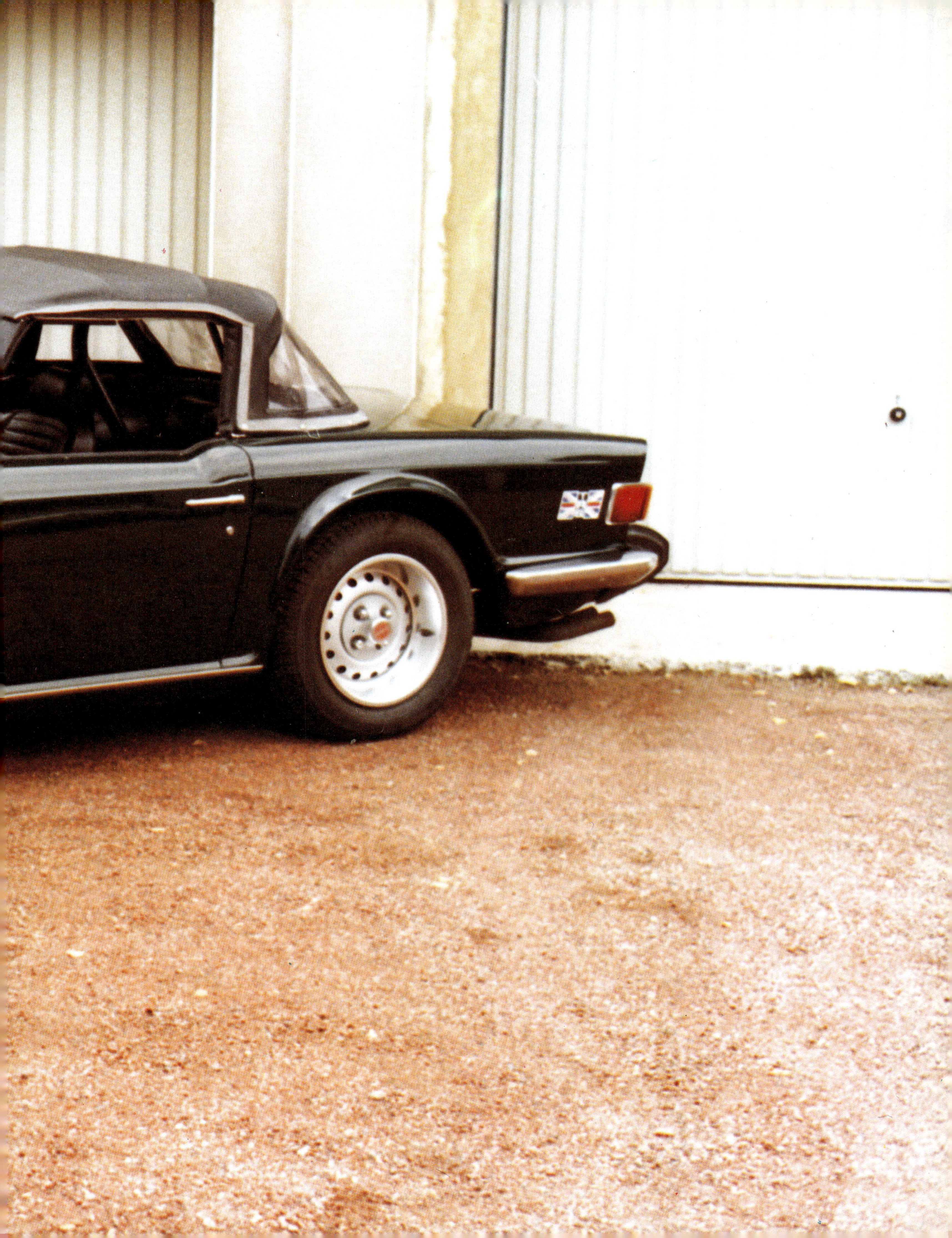

TRIUMPH

Bei vorgeklappter Frontpartie ist der Motorraum des Spitfire optimal zugänglich.

bestückt werden (die europäische Version bleibt hiervon verschont). Neben den rein optischen Veränderungen wartet der „neue" Spitfire mit einem wesentlich verbesserten Fahrwerk auf. Die US-Version wird ab 1974 als „Spitfire 1500" mit einem voluminöseren Motor angeboten (1493 ccm).

Angesichts steigender Anforderungen an die Leistungen entschließt sich Triumph 1967 zu einer Neuauflage der TR-Reihe. Der altbewährte Vierzylinder ist inzwischen in die Jahre gekommen, und so wird der TR5 mit einem Sechszylinderaggregat ausgestattet. Der neue Motor paßt genau unter die alte TR4-Haube und läßt sich relativ problemlos auf die verschärften amerikanischen Abgasnormen trimmen. Rein äußerlich unterscheidet sich der neue TR kaum von seinem Vorgänger. Lediglich der Kühlergrill, die Modellbezeichnung und einige Zierleisten haben sich geändert. Auf ein komplettes Redesign müssen sich die Freunde der Marke bis 1969 gedulden: In diesem Jahr stellt Triumph mit dem TR6 einen komplett neu gestylten Sport-

Die wunderschönen Speichenräder waren als Sonderzubehör gegen Aufpreis lieferbar.

wagen vor. Nachdem der „hauseigene" Designer Michelotti mit anderen Arbeiten ausgelastet ist, übernimmt der deutsche Karosseriebauer Karmann dieses Projekt. Der als Option erhältliche Überrollbügel entspricht dem gestiegenen Sicherheitsbedürfnis der Kundschaft. Mit dem TR7 weicht die Marke Mitte der Siebziger Jahre völlig von ihrem bisherigen Konzept ab. Anstelle eines leistungsstarken Sechszylinder-Roadsters mit charmantem italienischem Styling versteckt sich hinter dieser Modellbezeichnung sehr zum Entsetzen der Fans ein eher biederes Vierzylinder-Coupé im britischen Einheitslook (die hauseigenen Designer hatten die Vorgabe, möglichst viele Standardteile aus der Leyland-Palette zu verwenden). Einziger Lichtblick sind die wenigen Cabrio-Exemplare: Diese sind heute ausgesprochen rar, und Sammler zahlen für siegut anderthalbmal so viel wie für ein Coupé.

Erst 1980 erhält die Reihe mit dem TR-8 einen würdigen Nachfolger. Die Linienführung ist deutlich moderner und windschnittiger als bei den früheren Karosserien: Keilform heißt die Devise. Herzstück ist diesmal ein von Rover gelieferter V8-Motor: Dieser hatte schon Anfang der Sechziger Jahre in verschiedenen Buick- und Olds-Modellen gute Dienste geleistet. Mit der Produktionseinstellung dieses Modells wird die TR-Serie ein für allemal ad acta gelegt. Eine Roadster-Ära geht zu Ende...

Spitfire: Interieur ohne Schnickschnack

Eine Ära geht zu Ende ...

*Nachfolgende Doppelseite:
Winterliche Roadsterfreuden ..*

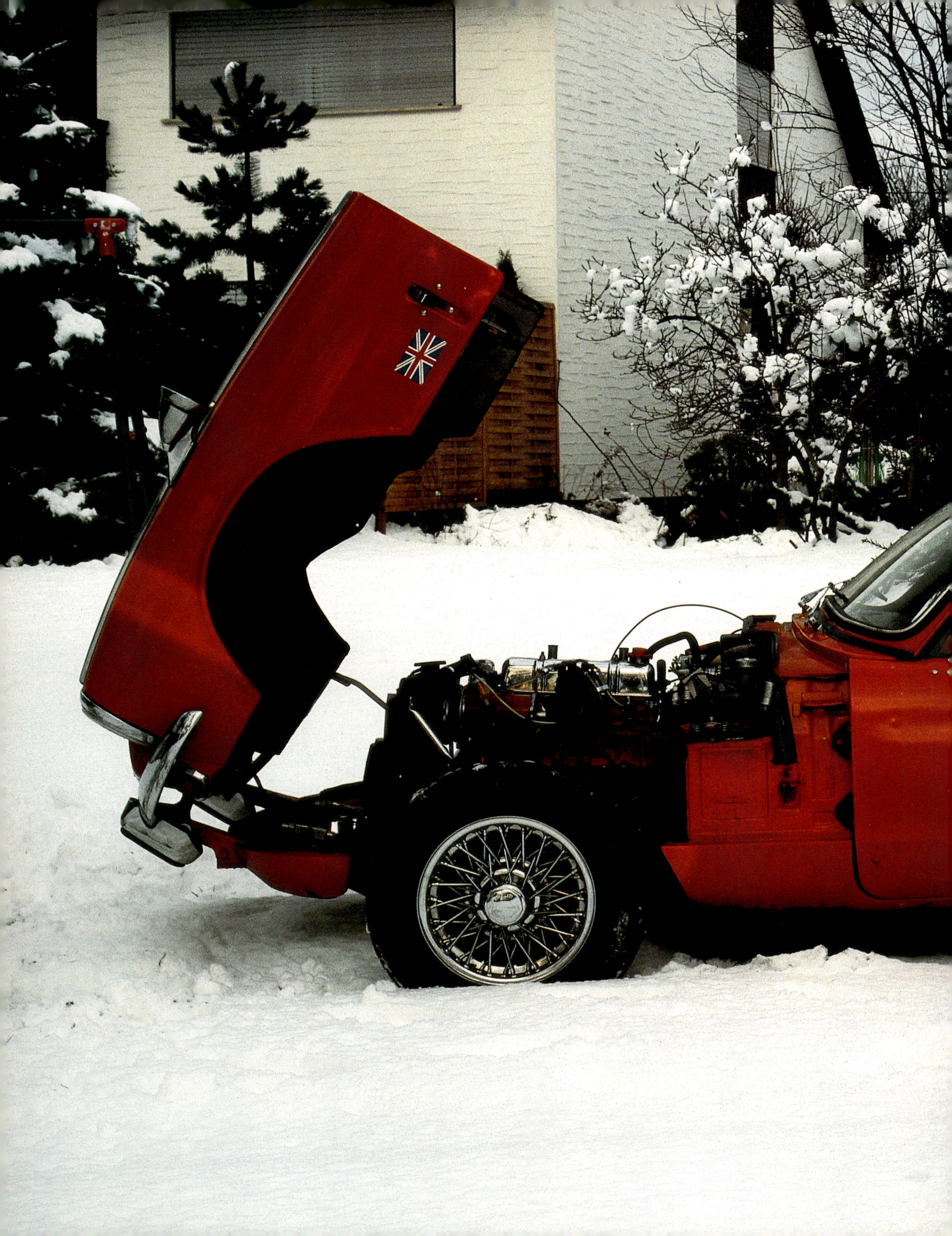

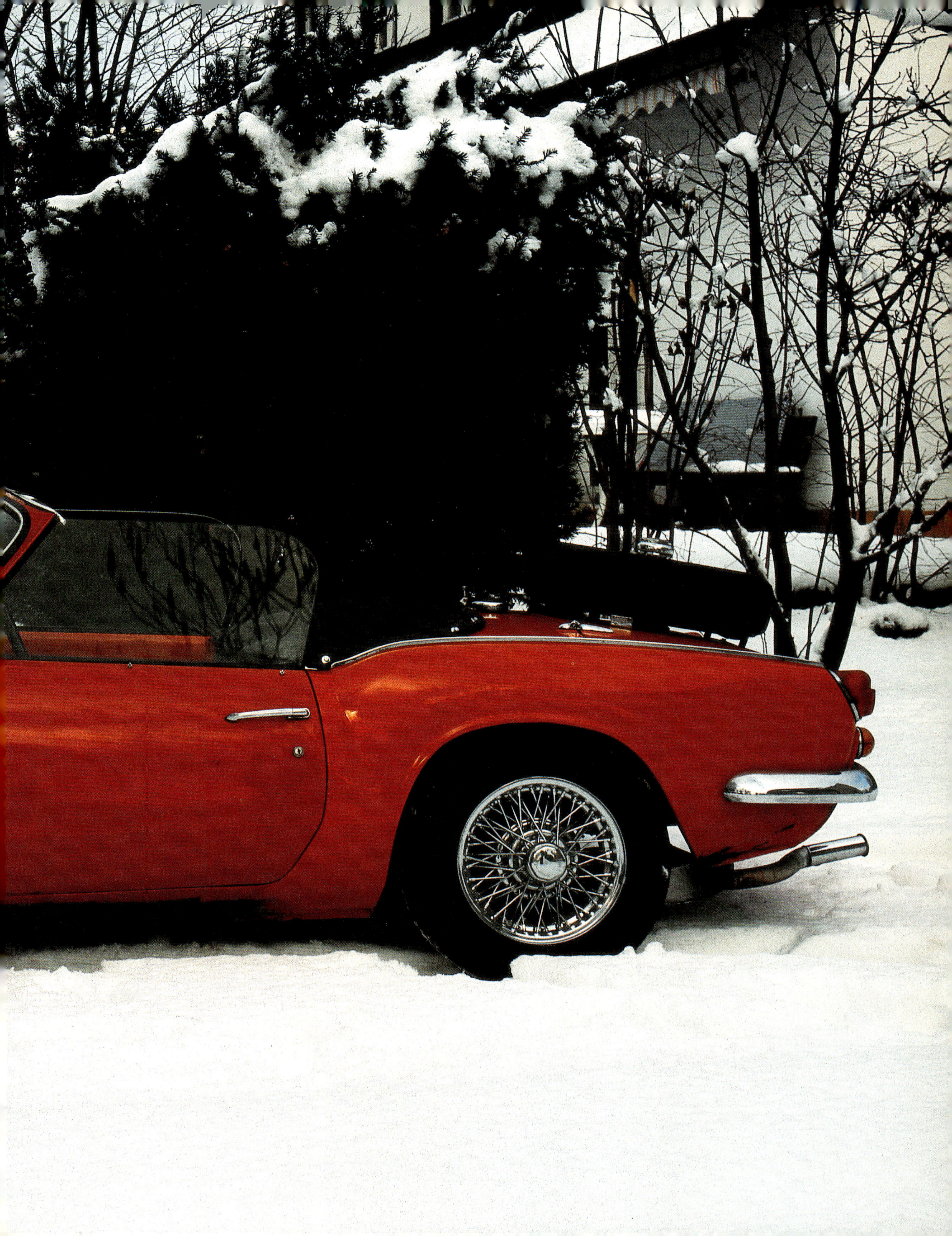

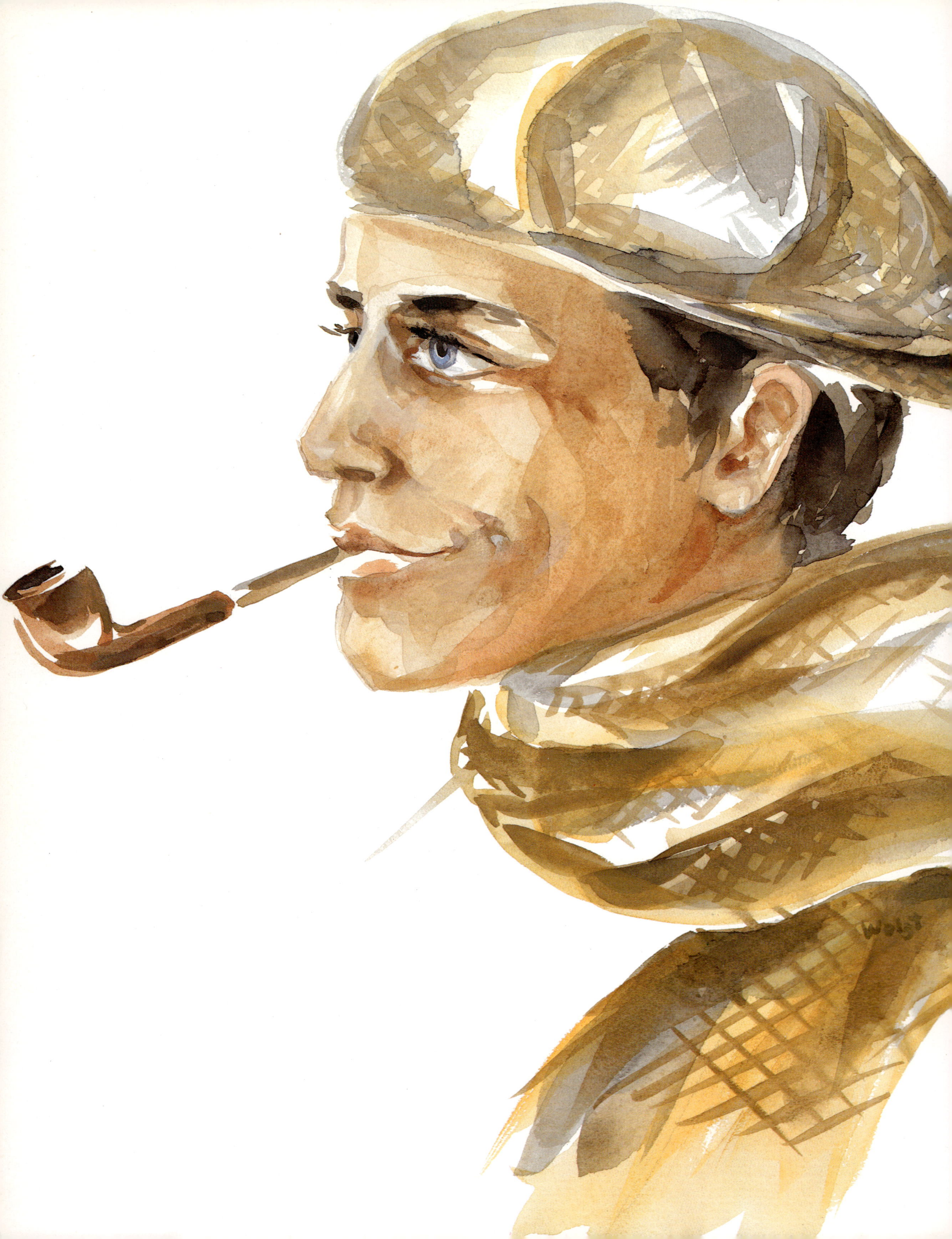

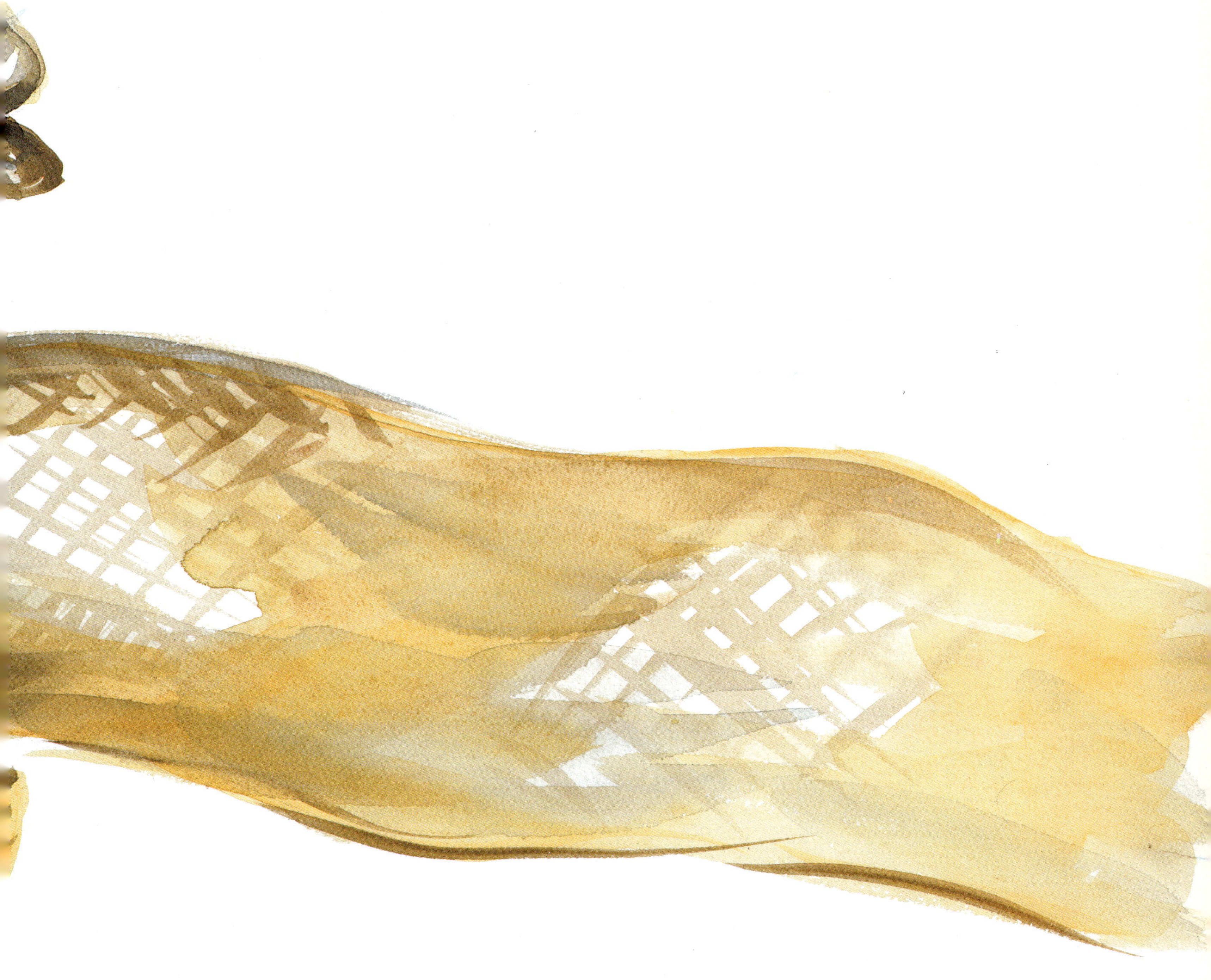

INHALT

Einleitung	3
Alfa-Romeo	4
Aston Martin Lagonda	8
Austin-Healey	10
BMW	14
DKW	20
Jaguar	24
Lancia	30
Lotus	34
Maserati	36
MG	40
Morgan	42
Triumph	50

Danksagungen: Mein besonderer Dank gilt den Schraubern der Altenfurther Sektion des Deutschen Automobil- und Veteranenclubs (DAVC), den Verantwortlichen der Automobilmuseen in Aschaffenburg, Sinsheim und Wolfegg sowie den privaten Sammlern, die mir ihre Automobile zu Fotozwecken zur Verfügung gestellt und mich mit Rat und Tat unterstützt haben.
Außerdem möchte ich dem Team von Desk Top Factory für die Unterstützung bei der grafischen Gestaltung dieses Buches danken.

Ein guter Freund sein

> Hallo! Ich heiße Matthias. Wir sind gerade umgezogen und deswegen musste ich die Schule verlassen, an der alle meine Freunde sind. Als „Neuer" fühlt man sich schon ein bisschen komisch.

❶ Schreibe oder zeichne in die drei Rahmen, wie du Matthias ein gutes Gefühl geben könntest:

❷ Male die Kinder farbig, die Matthias ein gutes und sicheres Gefühl geben würden.

- Ich würde Matthias das Schulhaus zeigen.
- Ich würde ihn meine Stifte nicht mitbenutzen lassen.
- Ich würde ihn bei uns nicht mitspielen lassen.
- Ich würde mich in der Pause um ihn kümmern.
- Ich würde mit ihm spielen.

Leslea Carter/Jenny Nitert: Schikane unter Schülern – nein danke!
© Persen Verlag GmbH. Als Kopiervorlage freigegeben

Was können wir tun?

Anderen einen Gefallen tun

Anmerkungen für die Lehrkraft

Lernziele
Die Schüler verstehen, welche Gefühle damit verbunden sind, wenn man anderen eine Gefälligkeit erweist und wenn einem selbst eine erwiesen wird.

Hintergrundinformationen
Wenn Schüler darüber nachdenken, wie man anderen einen Gefallen tun könnte und dies auch verwirklichen, entsteht eine Atmosphäre der Rücksichtnahme an der Schule. Negative Handlungen wie beispielsweise Schikanen werden weniger geduldet, wenn den Schülern rücksichtsvolles Verhalten zur Routine wird.

Diskussionspunkte
1. „Wie fühlst du dich, wenn du nett zu jemandem bist?" „Wie fühlst du dich, wenn du gemein zu jemandem bist?"
   „Wie fühlst du dich, wenn jemand nett zu dir ist?"
   „Wie fühlst du dich, wenn jemand gemein zu dir ist?"
2. „Wie könnte man anderen einen Gefallen tun?" (Sammeln Sie Anregungen der Schüler.)
3. „Welche Gefälligkeiten tun die Kinder auf den Bildern deines Arbeitsblatts (Seite 71) ihren Mitschülern?"

Die Schüler sollten diese und andere Situationen im Rollenspiel darstellen.

Wissen Sie, dass ...
... Erwachsene, die im Grundschulalter andere schikaniert haben, auf mehr staatliche Hilfen angewiesen sind, öfter gerichtlich verurteilt werden, mit höherer Wahrscheinlichkeit zu Alkoholikern werden, eine unsozialere Einstellung haben und mehr psychologische Betreuung brauchen?

Anderen einen Gefallen tun

Andere Leute kümmern sich um dich, wenn du dich um sie kümmerst. Hier sind einige Möglichkeiten, wie du anderen zeigen kannst, dass du dich um sie kümmerst.

❶ Ordne jedem Bild die unten beschriebene Verhaltensweise zu.

Ich war schon an der Reihe. Jetzt bist du dran. — Okay.	*Möchtest du heute mit uns in die Pause gehen? — Ja, gern.*	*Soll ich dir mein Lineal leihen? — Ja, danke.*	*Ich hör anderen ganz gern zu. — Am Wochenende waren wir auf einem Bauernhof.*	*Kann ich bitte etwas zu trinken bekommen? — Klar. Wer so nett fragt ...*
gute Manieren zeigen	anderen zuhören	andere mitmachen lassen	mit anderen gut zusammenarbeiten	sich fair verhalten

Wir alle fühlen uns gern als etwas Besonderes.

Es ist leicht, anderen einmal einen Gefallen zu tun und die anderen können sich dann als etwas Besonderes fühlen!

❷ Denke an jemanden in deiner Klasse, mit dem du nicht oft redest.

Schreibe den Namen dieses Mitschülers in das Kästchen:

Was könntest du tun und sagen, damit sie oder er sich als etwas Besonderes fühlen kann?

Das könnte ich tun:	Das könnte ich sagen:

Probiere das einmal aus. Hast du es geschafft, dass sich diese Person als etwas Besonderes gefühlt hat?

Leslea Carter/Jenny Nitert: Schikane unter Schülern – nein danke!
© Persen Verlag GmbH. Als Kopiervorlage freigegeben

Konzepte für ein besseres Schulklima!

Bergedorfer® Unterrichtsideen und Kopiervorlagen

Jenny Mosley/Helen Sonnet

101 Spiele zur Förderung von Sozialkompetenz und Lernverhalten in der Grundschule

Mit Kopiervorlagen
144 Seiten, kartoniert
Best.-Nr. 3665

Mit diesen 101 Spielen vermitteln Sie Ihrer Klasse wichtige **soziale Kompetenzen** und eine **produktive Lernhaltung**. Die Kinder lernen auf abwechslungsreiche Weise, wie man richtig beobachtet, zuhört, sich artikuliert, Regeln einhält und erfolgreich in Teams zusammenarbeitet. Neben **Aktivitäten zum logischen Denken** stehen auch Übungen zur **Förderung der Konzentrationsfähigkeit** im Mittelpunkt.
Alle Übungen sind schnell durchführbar – nicht zuletzt durch die **14 Kopiervorlagen**, die eine aufwändige Vorbereitung ersparen. Der übersichtliche Aufbau erleichtert der Lehrkraft die Auswahl des richtigen Spiels und die Orientierung. Jedes Spiel kann als Ritual oder auch spontan bei Bedarf eingesetzt werden.

Leslea Carter/Jenny Nitert

Schikane unter Schülern – nein Danke!

Bullying – ein Anti-Gewalt-Programm für die Schule

■ **3./4. Jahrgangsstufe**
Ca. 64 Seiten, DIN A4, kartoniert   Best.-Nr. 3636

■ **Sekundarstufe I**
Ca. 64 Seiten, DIN A4, kartoniert   Best.-Nr. 3635

Das **praxiserprobte Lernprogramm gegen Gewalt** an Schulen beschäftigt sich in kurzen Lerneinheiten mit allen Formen der Gewaltanwendung. Dabei steht immer die Frage nach den Ursachen und Anfängen der Gewalt im Vordergrund.
Reale Situationsbeschreibungen regen die Schüler/-innen zum Diskutieren an und geben ihnen die Möglichkeit, sich in die Täter- sowie Opferrolle hineinzuversetzen, um in der Klassengemeinschaft Lösungsstrategien gegen Gewalt zu entwickeln. Sensibel und vorurteilsfrei werden die einzelnen Gewaltformen anhand von Geschichten, Zeichen- und Schreibaufträgen aufbereitet. Mit **detaillierten Lehrermaterialien** zu allen Aktionsformen, Urkunden und Fragebögen sowie einem ausführlichen Kapitel über die **Einbindung der Eltern**.

Kirsten Hoffmann/
Veronika von Lilienfeld-Toal/
Kerstin Metz/Katja Kordelle-Elfner

STOPP – Kinder gehen gewaltfrei mit Konflikten um

Mit Kopiervorlagen
132 Seiten, DIN A4, kartoniert
Best.-Nr. 3849

Eine alltägliche Situation unter Schulkindern: Viele Worte werden gewechselt, die Lage spitzt sich zu, ein Streit entsteht, die Argumente gehen aus und „schlagkräftige" Antworten folgen.
Wie können Lehrer/-innen mit solchen Gewaltausbrüchen umgehen? Ziel dieser Materialsammlung ist es, **Gewalt vorzubeugen**, **Handlungskompetenzen** aufzubauen und **Verhaltensregeln** aufzustellen. Dazu wurde ein eigenes Konzept entwickelt und erfolgreich in der Praxis erprobt.
Die Kopiervorlagen ermöglichen Ihnen eine schnelle und problemlose Integration des Programmes in Ihren Unterricht.

Bestellcoupon

Ja, bitte senden Sie mir/uns mit Rechnung

___ Expl. _____ Best.-Nr. _____

___ Expl. _____ Best.-Nr. _____

___ Expl. _____ Best.-Nr. _____

___ Expl. _____ Best.-Nr. _____

☐ Ja, bitte schicken Sie mir kostenlos Ihren aktuellen Gesamtkatalog zu.

Bitte kopieren und einsenden an:

**Persen Verlag GmbH
Postfach 260
D-21637 Horneburg**

Meine Anschrift lautet:

_____
Name/Vorname

_____
Straße

_____
PLZ/Ort

_____
E-Mail

_____
Datum/Unterschrift

Bestellen Sie bequem direkt bei uns!
Telefon: 04163/81 40 40
Fax: 04163/81 40 50
E-Mail: info@persen.de